COLLECTION POÉSIE

RAINER MARIA RILKE

Lettres
à un jeune poète

SUIVI DE

Le poète

ET

Le jeune poète

Traduction et présentation
de Marc B. de Launay

ÉDITION BILINGUE

nrf

GALLIMARD

PRÉSENTATION

Pour Audrey

Qui n'a pas écrit de vers durant sa jeunesse, qui n'a pas ressenti, au sein d'une solitude allant alors jusqu'au vertige, que la réconciliation est impossible entre ce qu'on éprouve en soi et ce qu'impose d'adaptations la réalité vers quoi pourtant on veut tendre, qui n'a jamais été traversé par une exaltation généreuse ou par l'intense jubilation du libre jeu de la pensée ne comprendra peut-être pas la démarche tentée par Franz Kappus : il n'avait pas vingt ans, dit-il lui-même, lorsqu'il décida d'écrire à son aîné, auteur jeune et jouissant déjà néanmoins d'une certaine notoriété, mais d'abord ancien élève du même établissement d'enseignement et de préparation militaire : Kappus n'a-t-il pas supposé que Rilke saurait le comprendre puisqu'il avait bien dû, lui aussi, surmonter l'alternative — la carrière militaire ou les risques de la poésie — qui tenaillait le jeune épistolier, et qu'il ressentait comme une crise, en même temps que sa profonde solitude le poussait irrésistiblement à vouloir trouver un confident susceptible de l'entendre dans toute sa résonance complexe ? Le travail insidieux du doute et quant à ses propres capacités, et quant à la vie qui l'attendait, rongeait le jeune élève officier — mais aussi bien, et plus généralement, la plupart des jeunes sensibilités pourvu qu'elles n'aient pas peur

7

de leur propre acuité ni de leur aptitude à laisser jouer en elles des oppositions fortes comme des perceptions d'abord immaîtrisées.

Les Lettres à un jeune poète, *leur extraordinaire succès depuis plus d'un demi-siècle en témoigne, ne s'adressent pas seulement à ceux qui ont cherché, fût-ce pour un temps, à donner une expression poétique aux motions intimes et puissantes dont la dynamique contradictoire, versatile et violente les laissait assez désemparés pour se tourner vers quelqu'un qui fût une figure d'aîné, lui demander conseil, et, ainsi, exposer leur désarroi, s'en soulageant par là même.*

Ces lettres sont en réalité si peu consacrées à la discussion technique des poèmes envoyés par Franz Kappus qu'on fera bien de constater, dès les premières phrases de la première lettre, que Rilke s'efforce de répondre *véritablement à ce qui est demandé, tout en écartant courtoisement mais fermement l'un des prétextes de la correspondance :* « Je ne peux pas aborder la manière de vos vers [...] ces poèmes ne sont rien encore par eux-mêmes, rien qui se tienne en tant que tel. » *Un peu plus loin, très nettement,* Rilke souligne l'essentiel : « Vous demandez si vos vers sont bons. C'est à moi que vous posez la question. Vous en avez interrogé d'autres auparavant. Vous les envoyez à des revues. Vous les comparez à d'autres poèmes, et vous vous inquiétez si certaines rédactions refusent vos essais. Or (puisque vous m'avez autorisé à vous conseiller), je vous invite à laisser tout cela [1]. »

---

1. Il est fréquent, lorsque certaines œuvres sont assez célèbres pour être souvent éditées, qu'on ait à retraduire ces textes nimbés d'une *aura* quelque peu mythique. Le traducteur qui, comme moi, jouit du privilège ambigu de disposer des nombreux essais de ses prédécesseurs se doit de leur rendre hommage : quelle que soit l'exacte étendue de la dette qu'il a contractée à leur endroit, ses prédécesseurs ont assumé plus de risques que lui-même, ils lui ont frayé la voie, lui épargnant nombre d'incertitudes (il faut signaler l'édition des *Lettres à un jeune poète* signée par Claude Mouchard et Hans Hartje, dans le Livre de poche, et qui est largement

La correspondance eût fort bien pu s'en tenir là, et Kappus, au reçu de cette première lettre, eût pu être tenté de ne pas donner suite. Or il a sans doute immédiatement saisi la sincérité essentielle de son correspondant qui ne lui répondait ni sur un plan uniquement technique ni de manière simplement polie, sans cordialité excessive, et surtout sans la moindre condescendance pressée de confirmer un écart. Dans sa septième missive, Rilke complimente Kappus pour un sonnet, et il le lui renvoie en ayant pris soin de le recopier : « C'est une toute nouvelle expérience que de retrouver son propre travail écrit par une main étrangère. Lisez ces vers comme s'ils n'étaient pas de vous et vous ressentirez profondément à quel point ils sont vôtres. » Le compliment est certainement sincère en même temps que s'y mêle une mise à distance très discrètement ironique parce qu'elle est enrobée de la plus subtile délicatesse ; Rilke sait en effet fort bien tout ce que signifie ce geste de recopier de sa propre main, et pour les offrir à son auteur, les vers de son interlocuteur, car c'est un cadeau riche de tous les éléments de l'attente : un soupçon de fétichisme, un satisfecit *narcissique, la symbolisation de la main du maître guidant celle de l'apprenti, le trouble induit par le constat que l'aîné a pénétré au cœur même de ce qu'on lui montrait, l'hommage donc qu'il offre en retour de s'être ainsi plié à l'écriture du débutant — comme la main approbatrice du maître artisan passée sur les contours du chef-d'œuvre présenté par le compagnon —, bref, Kappus est renvoyé à lui-même dans ce qu'il a de plus singulier, mais de telle sorte que la qualité de la présence de l'autre regard et de l'autre main empêche que ce renvoi ne soit voué à une exploitation vaniteuse,*

annotée). C'est pourquoi les passages des lettres citées dans cette présentation sont pour la plupart extraits de la traduction qu'en a donnée en 1993, dans l'édition de la Pléiade, Claude David — qu'il soit remercié pour eux tous.

complaisante ou dépitée. Il y a même dans ce geste de Rilke assez d'érotisme sublimé pour combler de surcroît le genre particulier d'attente qu'induit toute correspondance entre des personnes qui se connaissent seulement par le biais des lettres et qui se rencontrent dans une sorte de no man's land *où la vibration des solitudes prend une amplitude d'autant plus considérable que la distance protège les épistoliers de la réalité du contact.*

Les Lettres à un jeune poète *sont tout autant des lettres écrites par un jeune poète — Rilke a vingt-sept ans lorsqu'il répond pour la première fois, trente-deux ans lorsqu'il écrit la dernière lettre publiée* [1] *— à un jeune homme dont la figure précise reste dans l'ombre de sorte qu'il devient, pour ainsi dire, l'éponyme, moins d'un âge, que d'une période de la vie, définie par un type de dilemmes. La force de ces lettres et leur très vaste lectorat tient d'abord à ceci que ce qu'on lit dans les réponses de Rilke prend un tour quasi universel en même temps qu'il y a*

---

1. Certes, Rilke n'est pas encore l'auteur des *Élégies de Duino*, mais, entre 1894 et 1903 — date de sa première réponse à Franz Kappus —, il a déjà publié plusieurs recueils de vers (*Vie et chansons, Offrande aux Lares, Couronné de rêve, Avent, Pour me fêter, Livre d'images*, etc.) et plusieurs récits, drames, essais et textes divers (*Au fil de la vie, L'Heure de gymnastique, Conférence sur la poésie moderne, Deux histoires pragoises, Histoires du Bon Dieu*, notamment). Rilke a rencontré Lou Salomé, Tolstoï, Stefan George, il s'est marié et sa fille, Ruth, est née en 1901. Il a voyagé en Russie, en Suède, au Danemark, en Italie, et séjourné à Paris où il a commencé son étude sur Rodin. C'est donc un auteur confirmé, un homme dont la sensibilité est déjà pour l'essentiel accomplie. Il a, en outre, fait lui-même l'expérience d'être un jeune poète allant à la rencontre d'un auteur admiré et reconnu : Rilke a rencontré Stefan George à Munich, sans toutefois qu'il se fût trouvé, à son égard, dans la même attente que celle où vivait Kappus ; si Rilke a jamais été dans une attente du même ordre, c'est, on le sait, uniquement à l'endroit de Lou Andreas-Salomé. Entre 1903 et 1908, Rilke ne cessera d'écrire — *Les Carnets de Malte Laurids Brigge*, les *Nouveaux poèmes* notamment — tout en menant une existence caractérisée par une sorte d'errance géographique, au demeurant parfaitement indifférente à la progression de l'œuvre.

suffisamment d'indications particulières pour ancrer la personne de Franz Kappus dans une réalité individuelle. C'est que ce dernier traverse ce moment inévitable, mais irréductiblement singulier dans l'expérience, au cours duquel chacun s'efforce de « passer » vers le monde adulte et de parvenir à être enfin vraiment soi-même : « Ne vous laissez pas troubler dans votre solitude par le fait que quelque chose en vous cherche à s'en évader. C'est précisément ce désir qui, pourvu que vous en tiriez parti calmement, à la façon d'un outil, et sans vous laisser dominer par lui, peut vous aider à étendre votre solitude à de vastes domaines [...]. Mais l'apprentissage est toujours une période longue et close... » Par la suite, Kappus a voulu, avec beaucoup de justesse et d'exactitude dans la reconnaissance, rendre hommage à celui qui, à ce moment-là, lui a permis d'accomplir ce passage. Il a effacé tout ce qu'il y avait de trop singulier et de trop contingent — sans doute est-ce le cas des lettres de la fin de la correspondance qui s'est prolongée un temps après la dernière lettre publiée — pour ne conserver des textes qui l'aidèrent à effectuer ses choix fondamentaux que ceux dont le contenu pouvait s'adresser à d'autres également.

La poésie, bien sûr, n'est pas absente de ces lettres, mais c'est d'abord parce qu'elle est recherche d'une vérité intime : « Rentrez en vous-même. Cherchez la raison qui, au fond, vous commande d'écrire [...]. Creusez en vous-même jusqu'à trouver la réponse la plus profonde [...]. Et si ce retournement vers l'intérieur, de cette plongée dans votre propre monde, des vers viennent à surgir, vous ne penserez pas à demander à quiconque si ce sont de bons vers. » Il s'agit, on le voit, tout autant d'écriture en général, de création artistique, que, pour finir, de la raison intime qui détermine le choix d'existence que tout un chacun peut vouloir découvrir en soi. Il est donc bien question de création poétique, mais, plus essentiellement, les lettres donnent la priorité à des thèmes, certes connexes à la création, et qui

*pourtant la dépassent : la solitude et la maîtrise intelligente de
cette dernière, la saisie authentique du monde, l'amour —
sensuel, charnel et sublime —, la tristesse et la mélancolie,
l'acceptation d'une certaine forme d'intégration superficielle —
juste de quoi dépasser l'opposition vaine entre conformisme et
anticonformisme —, l'acceptation de ce qu'on est véritablement.
Le terme même de la correspondance réside dans cet acquiesce-
ment que Rilke reconnaît être — loin de toute résignation — le
signe même de l'art : « L'art, lui aussi, n'est qu'une manière de
vivre [...], dans toute situation réelle, on est plus proche de l'art,
plus voisin de lui, que dans les irréelles professions semi-
artistiques qui, en faisant croire qu'elles touchent à l'art de près,
en nient pratiquement l'existence et l'agrément, comme fait par
exemple le journalisme tout entier et presque toute la critique et
les trois quarts de ce qu'on nomme littérature et qui veut être
nommé ainsi. Je me réjouis, en un mot, de voir que vous avez
évité de tomber dans ces pièges et que vous restez vaillant et
solitaire au milieu d'une dure réalité. » Le personnage que Rilke
évoque dans cette dernière lettre, outre qu'il n'est plus le jeune
poète demandant respectueusement son avis à un aîné révéré mais
un homme déjà réconcilié avec lui-même et son avenir assumé,
semble tout droit surgi du* Désert des Tartares *à moins qu'il
ne l'ait secrètement inspiré : solitaire parmi les soldats de la
garnison d'un fort de montagne gardant un défilé perdu,
construction humaine incongrue au cœur de cet environnement
proprement « sublime » parce que démesuré et informe, Kappus
ne se rebelle désormais plus contre le choix qu'il a fait, et si la
poésie n'est plus le centre autrefois espéré de sa vie, elle y occupe
une vraie et juste place, débarrassée de toute illusion et de tout
mensonge. En cinq ans, Kappus a su accomplir une métamor-
phose dont les dix lettres de Rilke sont comme autant de jalons.
La discrétion même dont Kappus a fait preuve en choisissant de
publier celles dont la portée dépassait son cas personnel témoigne*

du fait que cette métamorphose a réussi sans que la poésie ait, finalement, joué d'autre rôle que celui d'être le support d'une exigence extrême — ce qu'elle est de toute façon, même aux yeux de ceux qui se contentent de l'aimer —, laquelle a permis que le « passage » de l'adolescent à l'adulte s'accomplisse.

Le poète *et* Le jeune poète *prolongent la correspondance, mais cette fois, davantage sur le terrain proprement littéraire. Ces deux textes, datés respectivement de 1911 et 1913, ouvrent deux perspectives à la réflexion et révèlent deux aspects sans cesse liés, par la suite, chez Rilke. La première adopte le point de vue généalogique qui cherche à reconstruire la genèse du poète chez l'enfant, l'apparition de l'inspiration démonique au cœur d'une sensibilité qui va, désormais, maintenir ensemble, non sans apparaître insolite voire quasi monstrueuse, ce qui d'ordinaire se scinde ou s'estompe : l'authenticité inaltérée de la perception directe des choses, d'une part, la démesure et le chaos intimes qui permettent d'établir des rapports inouïs entre des perceptions par ailleurs intactes. Le second texte est à la fois plus bref et d'une sobriété, d'un laconisme auxquels l'emphase et la solennité « rilkéennes » du premier ne nous ont pas habitués : le poète y est, cette fois, envisagé dans son rôle à l'échelle de la culture même.*

Le jeune poète *évoque donc les premières manifestations de la distance et de la solitude qui sont interprétées comme la conséquence immédiate de la présence du « dieu inspirateur ». L'enfant échappe d'abord aux limites comme aux évaluations implicites du regard maternel qui, jusque-là, constituaient pour lui en quelque sorte les bords du monde en même temps que les frontières de soi : « Il y a une heure encore, sa mère pouvait embrasser cet être d'un regard, fût-ce le plus furtif; à présent, elle ne saurait en prendre la mesure, quand bien même elle réunirait la résurrection et la chute de l'ange. » Aspirant à la*

vraie grandeur des choses, arbitrant en lui des conflits et des oppositions qui défient toute paix et toute conciliation imaginables, sollicité sans cesse par les irruptions de son daïmon *qui l'assaille, le jeune poète s'élève d'emblée à une hauteur mallarméenne, définitive, en même temps qu'à un rôle proprement hugolien, celui de l'interprète violemment et majestueusement voué à vivre entre « les deux mondes ». Le caractère assez nettement biographique de ce texte souligne du même coup trop nettement certains des tics rilkéens qui ont souvent agacé : le fait, justement, d'insister sur la « grandeur », l'« incommensurable » caractérisant la fonction de poète, sur l'analogie ambiguë avec la figure de l'ange, bref, l'emphase de l'opposition avec le monde — et, d'abord, avec la mère — qui semble convertir, a* posteriori, *la vie du jeune poète en un destin.*

Au contraire, Le poète, *écrit par Rilke à l'occasion d'un voyage en Égypte — mettant à profit une intuition dont les éléments sont tout à fait contingents, et, en tout cas, fort éloignés, à première vue, d'une réflexion d'ordre esthétique sur le rôle du poète —, est une saisie dont la nudité exemplaire fait sans doute qu'elle atteint au cœur des choses, si bien que tout le texte, malgré son apparence de récit, fait figure de poème en prose. Le poète n'est plus campé, seul face au reste de la réalité ; il est, ni plus ni moins qu'un autre, embarqué dans le même bateau et pour un même voyage. Cette proximité fait ressortir d'autant plus nettement sa singularité que son activité est presque inexistante : au moment où les rameurs qui ont souqué sur les avirons sont en fin de course et s'apprêtent, tendus qu'ils sont en arrière, à basculer précipitamment en avant, en relevant les rames de l'eau, ils créent par ce mouvement même une sorte d'arrêt dans la course de la barque, qui correspond à un moment d'inertie. C'est très précisément là que celui auquel Rilke identifie le poète intervient : son chant comble cette inertie, et, plus encore, la convertit, transformant la résistance de la barque*

14

en un chant qui la métamorphose, en même temps que ce chant permet à ceux qui rament de retrouver le rythme et le sens de leur action. Qui plus est, la source du chant n'est pas l'indigence de la réalité, mais bien un surcroît d'être auquel il est indispensable de donner d'abord une forme. Le chant qui surgit ainsi n'a pas nécessairement un sens immédiatement perceptible, mais il maintient un lien étrange et insolite entre l'immédiateté d'une résistance concrète mais dominée, subvertie, et des aspirations plus lointaines, inévitablement floues encore, et qui, sans doute, resteraient inexprimées faute de recevoir cet élan, en quelque sorte surgi de l'avenir. C'est pourquoi la place du poète est, avant tout lieu qu'on voudrait lui refuser, lui concéder ou lui offrir, située dans le temps.

Marc B. de Launay

Lettres à un jeune poète

Briefe an einen jungen Dichter

EINLEITUNG

Im Spätherbst 1902 war es — da saß ich im Park der Militärakademie in Wiener Neustadt unter uralten Kastanien und las in einem Buch. So sehr war ich in die Lektüre vertieft, daß ich kaum bemerkte, wie der einzige Nicht-Offizier unter unseren Professoren, der gelehrte und gütige Akademiepfarrer Horaček sich zu mir gesellte. Er nahm mir den Band aus der Hand, betrachtete den Umschlag und schüttelte den Kopf. »Gedichte von Rainer Maria Rilke?« fragte er nachdenklich. Hier und dort blätterte er dann auf, überflog ein paar Verse, schaute sinnend ins Weite und nickte schließlich. »So ist aus dem Zögling René Rilke also ein Dichter geworden.«

Und ich erfuhr von dem schmalen, blassen Knaben, den seine Eltern vor länger als fünfzehn Jahren in die Militär-Unterrealschule in Sankt Pölten gegeben hatten, damit er später Offizier werde. Damals hatte Horaček als Anstaltsgeistlicher dort gewirkt, und er entsann sich des ehemaligen Zöglings noch genau. Er schilderte ihn als einen stillen, ernsten, hochbefähigten Jungen, der sich gerne abseits hielt,

INTRODUCTION

C'était la fin de l'automne 1902, j'étais assis dans le parc de l'École militaire, à Wiener Neustadt, sous de séculaires marronniers, et je lisais un livre. J'étais si profondément absorbé par ma lecture que je remarquai à peine le seul de nos professeurs à n'être pas officier, l'aumônier de l'École, le savant et bon Horacek, s'approcher de moi. Il me prit le volume des mains, contempla la couverture et hocha la tête. « Poésies de Rainer Maria Rilke ? » interrogea-t-il, songeur. Il feuilleta le livre, ouvrant çà et là, parcourut quelques vers ; son regard se perdit au loin, songeur, puis il finit par incliner la tête : « Eh bien, l'élève René Rilke est donc devenu poète. »

Et j'appris que ce garçon fluet, pâle avait été inscrit par ses parents, plus de quinze ans auparavant, à l'École militaire élémentaire de Sankt Pölten afin qu'il devienne officier. À l'époque, Horacek y avait été aumônier et il se souvenait encore très nettement de cet ancien élève. Il le décrivit comme un jeune garçon très doué, calme et sérieux, qui se tenait volontiers à l'écart,

den Zwang des Internatslebens geduldig ertrug und nach dem vierten Jahr mit den anderen in die Militär-Oberrealschule vorrückte, die sich in Mährisch-Weißkirchen befand. Dort freilich erwies sich seine Konstitution als nicht widerstandsfähig genug, weshalb ihn seine Eltern aus der Anstalt nahmen und daheim in Prag weiterstudieren ließen. Wie sich sein äußerer Lebensweg dann weiter gestaltet hatte, wußte Horaček nicht mehr zu berichten.

Nach all dem ist es wohl begreiflich, daß ich noch in derselben Stunde beschloß, meine dichterischen Versuche an Rainer Maria Rilke zu senden und ihn um sein Urteil zu bitten. Noch nicht zwanzigjährig und knapp an der Schwelle eines Berufes, den ich meinen Neigungen gerade entgegengesetzt empfand, hoffte ich, wenn überhaupt bei jemandem, so bei dem Dichter des Buches ›Mir zu Feier‹ Verständnis zu finden. Und ohne daß ich es eigentlich gewollt hatte, entstand zu meinen Versen ein Begleitbrief, in dem ich mich so rückhaltlos offenbarte wie nie zuvor und niemals nachher einem zweiten Menschen.

Viele Wochen vergingen, bis Antwort kam. Das blaugesiegelte Schreiben zeigte den Poststempel von Paris, wog schwer in der Hand und wies auf dem Umschlag dieselben klaren, schönen und sicheren Züge, in denen der Text von der ersten Zeile bis zur letzten hingesetzt war. Damit hob mein regelmäßiger Briefwechsel mit Rainer Maria Rilke an, der bis 1908 währte und dann allmählich versickerte, weil mich das Leben auf Gebiete abtrieb, vor denen des Dichters warme, zarte und rührende Sorge mich eben hatte bewahren wollen.

supportant avec patience les contraintes de la vie d'internat, et qui, au bout de la quatrième année, passa, en même temps que les autres, à l'École militaire supérieure qui se trouvait alors à Mährisch-Weisskirchen. Mais sa constitution s'y révéla trop fragile, voilà pourquoi ses parents le firent sortir de l'école et le laissèrent poursuivre ses études, chez eux, à Prague. Horacek ignorait à quel cours avait ensuite obéi son existence concrète.

On comprendra que, après cela, je résolus dans l'heure d'envoyer mes tentatives poétiques à Rainer Maria Rilke et de solliciter son jugement. Je n'avais pas encore vingt ans et j'étais sur le point d'embrasser un métier que je ressentais comme exactement contraire à mes inclinations ; si j'espérais quelque compréhension c'était précisément de la part de quelqu'un comme le poète qui avait signé le livre *Mir zu Feier* [1]. Et sans que je l'aie vraiment préméditée, une lettre finit par accompagner mes vers ; je m'y livrais sans réserve, comme jamais je ne l'avais fait auparavant, et comme jamais non plus, par la suite à qui que ce soit d'autre.

Bien des semaines passèrent avant que ne vînt la réponse. La lettre, cachetée de bleu, avait été postée à Paris ; elle pesait lourd et l'enveloppe portait la même belle écriture, nette et assurée, que le texte, de sa première à sa dernière ligne. C'est ainsi que débuta ma correspondance régulière avec Rainer Maria Rilke, qui dura jusqu'en 1908, et qui peu à peu se raréfia, car la vie me fit dériver vers des domaines dont la chaleureuse, la douce et touchante attention du poète eût précisément voulu me tenir éloigné.

Doch das ist nicht wichtig. Allein wichtig sind die zehn Briefe, die hier folgen, wichtig für die Erkenntnis der Welt, in der Rainer Maria Rilke gelebt und geschaffen hat, und wichtig auch für viele Wachsende und Werdende von heute und morgen. Und wo ein Großer und Einmaliger spricht, haben die Kleinen zu schweigen.

Berlin, im Juni 1929

Franz Xaver Kappus

Mais ce n'est pas ce qui est important. Seules importent les dix lettres qui suivent ; elles sont importantes pour la connaissance du monde au sein duquel a vécu, a créé Rainer Maria Rilke, et elles importent aussi pour nombre de ceux qui, aujourd'hui et demain, prennent leur essor et se développent. Lorsque parle une grande figure originale, les petits doivent se taire.

Berlin, juin 1929

Franz Xaver Kappus[2]

Sehr geehrter Herr,

Ihr Brief hat mich erst vor einigen Tagen erreicht. Ich will Ihnen danken für sein großes und liebes Vertrauen. Ich kann kaum mehr. Ich kann nicht auf die Art Ihrer Verse eingehen; denn mir liegt jede kritische Absicht zu fern. Mit nichts kann man ein Kunstwerk so wenig berühren als mit kritischen Worten: es kommt dabei immer auf mehr oder minder glückliche Mißverständnisse heraus. Die Dinge sind alle nicht so faßbar und sagbar, als man uns meistens glauben machen möchte; die meisten Ereignisse sind unsagbar, vollziehen sich in einem Raume, den nie ein Wort betreten hat, und unsagbarer als alle sind die Kunstwerke, geheimnisvolle Existenzen, deren Leben neben dem unseren, das vergeht, dauert.

Wenn ich diese Notiz vorausschicke, darf ich Ihnen nur noch sagen, daß Ihre Verse keine eigene Art haben, wohl aber stille und verdeckte Ansätze zu Persönlichem. Am deutlichsten fühle ich das in dem letzten Gedicht ›Meine Seele‹. Da will etwas Eigenes zu Wort und Weise kommen.

24

Cher Monsieur,

Votre lettre m'est parvenue il y a quelques jours seulement [3]. Je tiens à vous remercier pour la grande et l'aimable confiance dont elle témoigne. Je puis à peine faire davantage. Je ne peux examiner la manière de vos vers, car toute intention critique m'est bien trop étrangère. Rien n'est plus superficiel, pour aborder une œuvre d'art, que des propos critiques : il en résulte toujours quelques malentendus plus ou moins heureux. Jamais les choses ne sont saisissables et concevables autant qu'on voudrait, le plus souvent, nous le faire croire ; la plupart des événements sont indicibles, se produisent au sein d'un espace où n'a jamais pénétré le moindre mot ; et plus inexprimables que tout sont les œuvres d'art, existences fort secrètes dont la vie, comparée à la nôtre qui passe, dure.

Puisque j'ai commencé par cette remarque, je ne puis ajouter que ceci : vos vers n'ont pas de manière propre, mais recèlent pourtant des rudiments silencieux et inapparents d'un style personnel. Je le ressens le plus nettement dans le dernier poème, « Mon âme ». Quelque chose de singulier y cherche son expression et sa forme.

Und in dem schönen Gedicht ›An Leopardi‹ wächst vielleicht eine Art Verwandtschaft mit diesem Großen, Einsamen auf. Trotzdem sind die Gedichte noch nichts für sich, nichts Selbständiges, auch das letzte und das an Leopardi nicht. Ihr gütiger Brief, der sie begleitet hat, verfehlt nicht, mir manchen Mangel zu erklären, den ich im Lesen Ihrer Verse fühlte, ohne ihn indessen namentlich nennen zu können.

Sie fragen, ob Ihre Verse gut sind. Sie fragen mich. Sie haben vorher andere gefragt. Sie senden sie an Zeitschriften. Sie vergleichen sie mit anderen Gedichten, und Sie beunruhigen sich, wenn gewisse Redaktionen Ihre Versuche ablehnen. Nun (da Sie mir gestattet haben, Ihnen zu raten) bitte ich Sie, das alles aufzugeben. Sie sehen nach außen, und das vor allem dürften Sie jetzt nicht tun. Niemand kann Ihnen raten und helfen, niemand. Es gibt nur ein einziges Mittel. Gehen Sie in sich. Erforschen Sie den Grund, der Sie schreiben heißt; prüfen Sie, ob er in der tiefsten Stelle Ihres Herzens seine Wurzeln ausstreckt, gestehen Sie sich ein, ob Sie sterben müßten, wenn es Ihnen versagt würde zu schreiben. Dieses vor allem: fragen Sie sich in der stillsten Stunde Ihrer Nacht: muß ich schreiben? Graben Sie in sich nach einer tiefen Antwort. Und wenn diese zustimmend lauten sollte, wenn Sie mit einem starken und einfachen ›Ich muß‹ dieser ernsten Frage begegnen dürfen, dann bauen Sie Ihr Leben nach dieser Notwendigkeit;

Et l'on sent poindre, dans le beau poème « À Leopardi », sans doute une sorte d'affinité avec cette grande figure, ce grand solitaire. Malgré cela, ces poèmes ne constituent encore rien qui existe par soi-même, rien qui soit autonome, pas même le dernier ni celui qui est adressé à Leopardi. Votre bonne lettre qui les accompagne ne manque pas de me révéler maints défauts que j'ai ressentis à la lecture de vos vers sans toutefois être en mesure de les nommer explicitement.

Vous me demandez si vos vers sont bons. Et c'est moi que vous interrogez. Vous avez, auparavant, demandé leur avis à d'autres gens. Vous avez envoyé ces vers a des revues. Vous les comparez à d'autres poèmes, et vous êtes inquiet lorsque certaines rédactions refusent vos essais. Puisque vous m'avez autorisé à vous donner quelque conseil, je vous prierai de cesser tout cela. Votre regard est tourné vers l'extérieur, et c'est d'abord cela que vous ne devriez désormais plus faire. Personne ne peut vous conseiller ni vous aider, personne. Il n'existe qu'un seul moyen : plongez en vous-même, recherchez la raison qui vous enjoint d'écrire ; examinez si cette raison étend ses racines jusqu'aux plus extrêmes profondeurs de votre cœur ; répondez franchement à la question de savoir si vous seriez condamné à mourir au cas où il vous serait refusé d'écrire. Avant toute chose, demandez-vous, à l'heure la plus tranquille de votre nuit : est-il nécessaire que j'écrive ? Creusez en vous-même en quête d'une réponse profonde. Et si elle devait être positive, si vous étiez fondé à répondre à cette question grave par un puissant et simple « je ne peux pas faire autrement », construisez alors votre existence en fonction de cette nécessité ;

27

*Ihr Leben bis hinein in seine gleichgültigste und geringste
Stunde muß ein Zeichen und Zeugnis werden diesem Drange.
Dann nähern Sie sich der Natur. Dann versuchen Sie, wie ein
erster Mensch, zu sagen, was Sie sehen und erleben und lieben
und verlieren. Schreiben Sie nicht Liebesgedichte; weichen Sie
zuerst denjenigen Formen aus, die zu geläufig und gewöhnlich
sind: sie sind die schwersten, denn es gehört eine große,
ausgereifte Kraft dazu, Eigenes zu geben, wo sich gute und
zum Teil glänzende Überlieferungen in Menge einstellen.
Darum retten Sie sich vor den allgemeinen Motiven zu denen,
die Ihnen Ihr eigener Alltag bietet; schildern Sie Ihre
Traurigkeiten und Wünsche, die vorübergehenden Gedanken
und den Glauben an irgendeine Schönheit — schildern Sie das
alles mit inniger, stiller, demütiger Aufrichtigkeit und gebrau-
chen Sie, um sich auszudrücken, die Dinge Ihrer Umgebung,
die Bilder Ihrer Träume und die Gegenstände Ihrer Erinne-
rung. Wenn Ihr Alltag Ihnen arm scheint, klagen Sie ihn nicht
an; klagen Sie sich an, sagen Sie sich, daß Sie nicht Dichter
genug sind, seine Reichtümer zu rufen; denn für den Schaffen-
den gibt es keine Armut und keinen armen, gleichgültigen Ort.
Und wenn Sie selbst in einem Gefängnis wären, dessen Wände
keines von den Geräuschen der Welt zu Ihren Sinnen kommen
ließen — hätten Sie dann nicht immer noch Ihre Kindheit,
diesen köstlichen, königlichen Reichtum, dieses Schatzhaus der
Erinnerungen? Wenden Sie dorthin Ihre Aufmerksamkeit.
Versuchen Sie die versunkenen Sensationen dieser weiten Ver-
gangenheit zu heben; Ihre Persönlichkeit wird sich festigen,
Ihre Einsamkeit wird sich erweitern und wird eine dämmernde
Wohnung werden, daran der Lärm der anderen fern vorüber
geht.*

jusque dans ses moindres instants les plus insignifiants, votre vie doit être le signe et le témoin de cette impulsion. Rapprochez-vous alors de la nature. Cherchez à dire, comme si vous étiez le premier homme, ce que vous voyez, ce que vous éprouvez, ce qui est pour vous objet d'amour ou de perte. N'écrivez pas d'histoire d'amour, évitez dans un premier temps ces formes trop courantes et trop banales : elles sont ce qu'il y a de plus difficile, car donner quelque chose d'original, tandis que se presse en masse toute la tradition des œuvres réussies et dont une part est brillante, requiert une grande force déjà mûrie. Fuyez donc les thèmes généraux pour ceux que vous offre votre propre vie quotidienne ; décrivez vos tristesses et vos désirs, les pensées qui vous traversent l'esprit et la croyance à une beauté quelle qu'elle soit — décrivez tout cela en obéissant à une honnêteté profonde, humble et silencieuse, et, pour vous exprimer, ayez recours aux choses qui vous entourent, aux images de vos rêves et aux objets de vos souvenirs. Si votre vie quotidienne vous paraît pauvre, ne l'accusez pas ; accusez-vous plutôt, dites-vous que vous n'êtes pas assez poète pour en convoquer les richesses. Pour celui qui crée, il n'y a pas, en effet, de pauvreté ni de lieu indigent, indifférent. Et quand bien même vous seriez dans une prison dont les murs ne laisseraient rien percevoir à vos sens des bruits du monde, n'auriez-vous pas alors toujours à votre disposition votre enfance, sa richesse royale et précieuse, ce trésor des souvenirs ? Portez là votre attention. Cherchez à éveiller les sensations englouties de ce lointain passé ; votre personnalité en sera confortée, votre solitude en sera élargie pour devenir cette demeure à peine visible loin de laquelle passera le vacarme des autres.

— *Und wenn aus dieser Wendung nach innen, aus dieser Versenkung in die eigene Welt* Verse *kommen, dann werden Sie nicht daran denken, jemanden zu fragen, ob es gute* Verse *sind. Sie werden auch nicht den Versuch machen, Zeitschriften für diese Arbeiten zu interessieren : denn Sie werden in ihnen Ihren lieben natürlichen Besitz, ein Stück und eine Stimme Ihres Lebens sehen. Ein Kunstwerk ist gut, wenn es aus Notwendigkeit entstand. In dieser Art seines Ursprungs liegt sein Urteil : es gibt kein anderes. Darum, sehr geehrter Herr, wußte ich Ihnen keinen Rat als diesen : in sich zu gehen und die Tiefen zu prüfen, in denen Ihr Leben entspringt ; an seiner Quelle werden Sie die Antwort auf die Frage finden, ob Sie schaffen* müssen. *Nehmen Sie sie, wie sie klingt, an, ohne daran zu deuten. Vielleicht erweist es sich, daß Sie berufen sind, Künstler zu sein. Dann nehmen Sie das Los auf sich, und tragen Sie es, seine Last und seine Größe, ohne je nach dem Lohne zu fragen, der von außen kommen könnte. Denn der Schaffende muß eine Welt für sich sein und alles in sich finden und in der Natur, an die er sich angeschlossen hat.*

Vielleicht aber müssen Sie auch nach diesem Abstieg in sich und in Ihr Einsames darauf verzichten, ein Dichter zu werden (es genügt, wie gesagt, zu fühlen, daß man, ohne zu schreiben, leben könnte, um es überhaupt nicht zu dürfen). Aber auch dann ist diese Einkehr, um die ich Sie bitte, nicht vergebens gewesen. Ihr Leben wird auf jeden Fall von da ab eigene Wege finden, und daß es gute, reiche und weite sein mögen, das wünsche ich Ihnen mehr, als ich sagen kann.

Et lorsque de ce retour à son intériorité, lorsque de cette immersion dans son propre monde surgissent des *vers*, vous ne songerez pas à interroger quelqu'un pour savoir si ce sont de bons *vers*. Vous ne tenterez pas non plus d'intéresser des revues à ces travaux, car vous verrez en eux ce qui vous appartient naturellement et vous est cher : une part comme une expression de votre vie. Une œuvre d'art est bonne qui surgit de la nécessité. C'est dans la modalité de son origine que réside le verdict qui la sanctionne : il n'y en a pas d'autre. Voilà pourquoi, cher Monsieur, je ne saurais vous donner d'autre conseil que celui-ci : aller en soi, soumettre à examen les profondeurs d'où surgit votre vie ; c'est à sa source que vous trouverez la réponse à la question de savoir si la création est pour vous une nécessité. Acceptez cette réponse comme elle s'exprimera, sans chercher à démêler davantage. Peut-être apparaîtra-t-il que vous avez vocation à être artiste. Assumez alors ce destin, et supportez-en la charge et la grandeur sans vous demander chaque fois quel bénéfice pourrait vous échoir de l'extérieur. Car celui qui crée doit être son propre univers, et trouver tout ce qu'il cherche en lui et dans la nature à laquelle il s'est lié.

Mais il est également possible que vous deviez renoncer, après cette descente en vous-même et dans votre solitude, à devenir poète (il suffit, comme je l'ai dit, de sentir qu'on peut vivre sans écrire pour être fondé à ne pas écrire du tout). Mais là encore, ce retour sur soi, auquel je vous convie, n'aura pas été accompli en vain. Votre existence, de toute façon, saura à partir de là trouver une voie propre, et qu'elle puisse être bonne, riche et ample, voilà ce que je vous souhaite plus que je ne puis dire.

31

Was soll ich Ihnen noch sagen? Mir scheint alles betont nach seinem Recht; und schließlich wollte ich Ihnen ja auch nur raten, still und ernst durch Ihre Entwicklung durchzuwachsen; Sie können sie gar nicht heftiger stören, als wenn Sie nach außen sehen und von außen Antwort erwarten auf Fragen, die nur Ihr innerstes Gefühl in Ihrer leisesten Stunde vielleicht beantworten kann.

Es war mir eine Freude, in Ihrem Schreiben den Namen des Herrn Professor Horaček zu finden; ich bewahre diesem liebenswürdigen Gelehrten eine große Verehrung und eine durch die Jahre dauernde Dankbarkeit. Wollen Sie ihm, bitte, von dieser meiner Empfindung sagen; es ist sehr gütig, daß er meiner noch gedenkt, und ich weiß es zu schätzen.

Die Verse, welche Sie mir freundlich vertrauen kamen, gebe ich Ihnen gleichzeitig wieder zurück. Und ich danke Ihnen nochmals für die Größe und Herzlichkeit Ihres Vertrauens, dessen ich mich durch diese aufrichtige, nach bestem Wissen gegebene Antwort ein wenig würdiger zu machen suchte, als ich es, als ein Fremder, wirklich bin.

Mit aller Ergebenheit und Teilnahme :

Rainer Maria Rilke

Que vous dire d'autre? Il me semble avoir fait droit à tout ce qui devait être évoqué, et, pour finir, je voulais encore vous donner ce seul conseil : développez-vous tranquillement et sobrement en obéissant à votre propre évolution ; vous ne pourrez davantage la perturber qu'en tournant vos regards vers l'extérieur, et en en attendant des réponses à des questions auxquelles sans doute seul votre sentiment le plus intime est, à l'heure la plus silencieuse, en mesure de répondre.

Ce fut une joie pour moi de découvrir dans votre lettre le nom du Professeur Horacek : je conserve à l'égard de cet aimable savant un grand respect, ainsi qu'une durable reconnaissance. Voulez-vous, s'il vous plaît, lui transmettre ces sentiments miens ? C'est fort gentil à lui de se souvenir encore de moi, et je ne manque pas de l'apprécier.

Ces vers que vous m'avez amicalement confiés, je vais vous les renvoyer en même temps que cette lettre. Et je vous remercie encore une fois pour la profondeur et la cordialité de votre confiance dont je me suis efforcé, à travers cette réponse sincère que je vous donne du mieux que j'ai pu, d'être un peu plus digne que je ne suis en réalité, puisque je vous suis étranger.

Avec tout mon dévouement et toute ma sympathie,

Rainer Maria Rilke

Viareggio bei Pisa (Italien), am 5. April 1903

Sie müssen es mir verzeihen, lieber und geehrter Herr, daß ich Ihres Briefes vom 24. Februar erst heute dankbar gedenke : ich war die ganze Zeit leidend, nicht gerade krank, aber von einer influenza-artigen Mattigkeit bedrückt, die mich unfähig machte zu allem. Und schließlich, als es gar nicht anders werden wollte, fuhr ich an dieses südliche Meer, dessen Wohltun mir schon einmal geholfen hat. Aber ich bin noch nicht gesund, das Schreiben fällt mir schwer, und so müssen Sie diese wenigen Zeilen nehmen für mehr.

Natürlich müssen Sie wissen, daß Sie mich mit jedem Briefe immer erfreuen werden, und nur nachsichtig sein gegen die Antwort, die Sie vielleicht oft mit leeren Händen lassen wird ; denn im Grunde, und gerade in den tiefsten und wichtigsten Dingen, sind wir namenlos allein, und damit einer dem andern raten oder gar helfen kann, muß viel geschehen, viel muß gelingen, eine ganze Konstellation von Dingen muß eintreffen, damit es einmal glückt.

Viareggio, par Pise (Italie), le 5 avril 1903

Il faut que vous me pardonniez, mon cher Monsieur, de ne songer qu'aujourd'hui à vous remercier de votre lettre du 24 février : j'ai tout le temps été souffrant, pas vraiment malade, mais oppressé par une sorte de lassitude comparable à celle de l'influenza et qui me rendait impropre à quoi que ce soit. Pour finir, comme cet état ne semblait pas devoir évoluer, je suis parti pour cette côte méridionale dont l'effet bienfaisant m'a déjà une fois tiré d'affaire[4]. Mais je ne suis pas encore guéri ; écrire me pèse, aussi devrez-vous prendre ces quelques lignes pour plus qu'elles ne sont.

Bien entendu, vous devez savoir que chacune de vos lettres ne manquera pas de me réjouir, et il vous faudra simplement faire preuve d'indulgence à l'égard de la réponse qui souvent vous laissera peut-être les mains vides ; car, au fond, et précisément pour les choses les plus profondes et les plus importantes, nous sommes inqualifiablement seuls ; pour que l'un soit à même de conseiller, voire d'aider l'autre, il faut le concours de bien des événements, il faut bien des réussites, toute une constellation de choses est nécessaire pour qu'on ait la chance que cela arrive jamais.

*Ich wollte Ihnen heute nur noch zwei Dinge sagen : Ironie :
Lassen Sie sich nicht von ihr beherrschen, besonders nicht in
unschöpferischen Momenten. In schöpferischen versuchen Sie es,
sich ihrer zu bedienen, als eines Mittels mehr, das Leben zu
fassen. Rein gebraucht, ist sie auch rein, und man muß sich
ihrer nicht schämen ; und fühlen Sie sich ihr zu vertraut,
fürchten Sie die wachsende Vertraulichkeit mit ihr, dann
wenden Sie sich an große und ernste Gegenstände, vor denen sie
klein und hilflos wird. Suchen Sie die Tiefe der Dinge : dort
steigt Ironie nie hinab, — und wenn Sie so an den Rand des
Großen führen, erproben Sie gleichzeitig, ob diese Auffassungs-
art einer Notwendigkeit Ihres Wesens entspringt. Denn unter
dem Einfluß ernster Dinge wird sie entweder von Ihnen
abfallen (wenn sie etwas Zufälliges ist), oder aber sie wird (so
sie wirklich eingeboren Ihnen zugehört) erstarken zu einem
ernsten Werkzeug und sich einordnen in die Reihe der Mittel,
mit denen Sie Ihre Kunst werden bilden müssen.*

*Und das zweite, was ich Ihnen heute erzählen wollte, ist
dieses :*

*Von allen meinen Büchern sind mir nur wenige unentbehr-
lich, und zwei sind sogar immer unter meinen Dingen, wo ich
auch bin. Sie sind auch hier um mich : die Bibel, und die
Bücher des großen dänischen Dichters* Jens Peter Jacobsen.
*Es fällt mir ein, ob Sie seine Werke kennen. Sie können sich
dieselben leicht verschaffen, denn ein Teil derselben ist in
Reclams Universal-Bibliothek in sehr guter Übertragung
erschienen. Verschaffen Sie sich das Bändchen ›Sechs Novellen‹
von J. P. Jacobsen und seinen Roman ›Niels Lyhne‹,*

Je tenais à vous dire encore une ou deux choses : ironie — ne vous laissez pas dominer par elle, surtout pas dans les moments non créateurs. Pendant que vous créez, cherchez à vous en servir comme un moyen de plus d'appréhender la vie. Utilisée de manière pure, elle est alors pure aussi, et il ne faut pas en avoir honte ; si vous vous sentez trop proche d'elle, redoutez cette familiarité croissante, et tournez-vous alors vers de grands et sérieux sujets qui la font petite et désemparée. Recherchez la profondeur des choses : l'ironie ne descend jamais si loin ; et si vous voyagez aux confins de la grandeur, examinez en même temps si cette manière de voir ressortit à une nécessité de votre nature. Sous l'influence de sujets graves, ou bien cette manière de voir vous quittera (si elle est quelque chose de contingent), ou bien (si elle est vôtre de manière effectivement innée) l'ironie se renforcera jusqu'à devenir un véritable instrument, et elle prendra place dans la série des moyens dont vous ferez nécessairement usage en cultivant votre art.

La seconde chose que je voulais aujourd'hui vous raconter est la suivante :

De tous les livres que je possède, quelques-uns seulement me sont indispensables ; et deux sont même toujours à portée de main, où que je sois. Ici aussi, ils sont à mes côtés : la Bible et les livres du grand poète danois Jens Peter Jacobsen [5]. Je me demande si vous connaissez ses œuvres. Vous pourrez facilement vous les procurer, car une partie d'entre elles sont parues dans la collection « Universal-Bibliothek » de l'éditeur Reclam, dans de très bonnes traductions. Procurez-vous le petit volume intitulé *Six nouvelles*, de J. P. Jacobsen, ainsi que son roman, *Niels Lyhne*,

und beginnen Sie des ersten Bändchens erste Novelle, welche ›Mogens‹ heißt. Eine Welt wird über Sie kommen, das Glück, der Reichtum, die unbegreifliche Größe einer Welt. Leben Sie eine Weile in diesen Büchern, lernen Sie davon, was Ihnen lernenswert scheint, aber vor allem lieben Sie sie. Diese Liebe wird Ihnen tausend- und tausendmal vergolten werden, und wie Ihr Leben auch werden mag, — sie wird, ich bin dessen gewiß, durch das Gewebe Ihres Werdens gehen als einer von den wichtigsten Fäden unter allen Fäden Ihrer Erfahrungen, Enttäuschungen und Freuden.

Wenn ich sagen soll, von wem ich etwas über das Wesen des Schaffens, über seine Tiefe und Ewigkeit erfuhr, so sind es nur zwei Namen, die ich nennen kann : den Jacobsens, des großen, großen Dichters, und den Auguste Rodins, des Bildhauers, der seinesgleichen nicht hat unter allen Künstlern, die heute leben. —

Und alles Gelingen über Ihre Wege!

Ihr

Rainer Maria Rilke

et commencez par la lecture de la première nouvelle du recueil, « Mogens ». C'est un univers qui va vous submerger en même temps que le bonheur, la richesse, l'inconcevable grandeur de cet univers. Passez un moment dans ces livres, apprenez-y ce qui vous semble digne d'être appris par vous, mais surtout aimez-les. Cet amour vous sera rendu mille et mille fois, et quoi qu'il advienne de votre vie, il pénétrera le tissu de votre avenir comme l'un des fils les plus importants parmi tous les fils de vos expériences, de vos déceptions et de vos joies.

Si j'avais à dire de qui j'ai appris quelque chose sur la nature de la création, sur sa profondeur et son caractère éternel, il n'y a que deux noms que je pourrais avancer : Jacobsen, le grand, grand poète, et Auguste Rodin, le sculpteur qui n'a d'égal personne parmi tous les artistes aujourd'hui vivants.

Tous mes vœux de succès dans vos entreprises !

Votre

Rainer Maria Rilke

Viareggio bei Pisa (Italien), am 23. April 1903

Sie haben mir, lieber und geehrter Herr, mit Ihrem österlichen Briefe viel Freude gemacht ; denn er sagte viel Gutes von Ihnen, und die Art, wie Sie über Jacobsens große und liebe Kunst sprachen, zeigte mir, daß ich nicht geirrt habe, als ich Ihr Leben und seine vielen Fragen an diese Fülle führte.

Nun wird sich Ihnen ›Niels Lyhne‹ auftun, ein Buch der Herrlichkeiten und der Tiefen ; je öfter man es liest : es scheint alles darin zu sein von des Lebens allerleisestem Dufte bis zu dem vollen, großen Geschmack seiner schwersten Früchte. Da ist nichts, was nicht verstanden, erfaßt, erfahren und in des Erinnerns zitterndem Nachklingen erkannt worden wäre ; kein Erleben ist zu gering gewesen, und das kleinste Geschehen entfaltet sich wie ein Schicksal, und das Schicksal selbst ist wie ein wunderbares, weites Gewebe, darin jeder Faden von einer unendlich zärtlichen Hand geführt und neben einen anderen gelegt und von hundert anderen gehalten und getragen wird. Sie werden das große Glück erfahren, dieses Buch zum ersten Male zu lesen, und werden durch seine unzähligen Überraschungen gehen wie in einem neuen Traum.

Avec votre lettre de Pâques, vous m'avez, très cher Monsieur, fait grand plaisir, car elle me donnait beaucoup de bonnes nouvelles de vous; et la manière dont vous parlez du grand art de Jacobsen qui m'est cher m'a confirmé que je ne m'étais pas trompé en présentant à votre existence accompagnée de tant d'interrogations cette plénitude.

Niels Lyhne va maintenant s'ouvrir à vous, un livre de splendeurs et de profondeurs; plus on le lit et plus il semble qu'il contienne la totalité de la vie, du plus ténu de ses effluves jusqu'au goût fort et plein de ses fruits les plus lourds. Il n'est rien là qui n'ait été compris, saisi, vécu, et reconnu dans l'écho tremblant du souvenir; aucune expérience ne fut trop infime, et le moindre des événements s'y déploie tel un destin, lequel est lui-même comme un large et merveilleux tissu dont chaque fil a été guidé par une main infiniment douce, placé à côté d'un autre, maintenu et soutenu par cent autres. Vous allez éprouver le grand bonheur de lire ce livre pour la première fois, et vous parcourrez ses innombrables surprises comme en un rêve inédit.

41

Aber ich kann Ihnen sagen, daß man auch später immer wieder als derselbe Staunende durch diese Bücher geht und daß sie nichts von der wunderbaren Macht verlieren und nichts von der Märchenhaftigkeit aufgeben, mit der sie den Lesenden das erste Mal überschütten.

Man wird nur immer genießender an ihnen, immer dankbarer, und irgendwie besser und einfacher im Schauen, tiefer im Glauben an das Leben und im Leben seliger und größer. —

Und später müssen Sie das wunderbare Buch vom Schicksal und Sehnen der Marie Grubbe lesen und Jacobsens Briefe und Tagebuchblätter und Fragmente und endlich seine Verse, die (wenn sie auch nur mäßig übertragen sind) in unendlichem Klingen leben. (Dazu würde ich Ihnen raten, gelegentlich die schöne Gesamtausgabe von Jacobsens Werken — die alles das enthält — zu kaufen. Sie erschien in drei Bänden und gut übertragen bei Eugen Diederichs in Leipzig und kostet, soviel ich glaube, nur fünf oder sechs Mark pro Band.)

Mit Ihrer Meinung über ›Hier sollten Rosen stehen...‹ (dieses Werk von so unvergleichlicher Feinheit und Form) haben Sie natürlich gegen den, der die Einleitung geschrieben hat, ganz, ganz unantastbar recht. Und es sei hier gleich die Bitte gesagt : Lesen Sie möglichst wenig ästhetisch-kritische Dinge, — es sind entweder Parteiansichten, versteinert und sinnlos geworden in ihrem leblosen Verhärtetsein, oder es sind geschickte Wortspiele, bei denen heute diese Ansicht gewinnt und morgen die entgegengesetzte.

Mais je puis aussi vous assurer que, même par la suite, c'est toujours avec un même étonnement qu'on parcourt ces livres, et qu'ils ne perdent rien de leur pouvoir merveilleux ni ne cèdent rien de l'enchantement dont ils comblent le lecteur dès la première fois.

À leur contact, on éprouve toujours plus de plaisir, toujours plus de reconnaissance, notre regard en quelque manière s'affine et se simplifie, notre foi dans l'existence s'approfondit, et, dans la vie, nous sommes plus sereins et plus grands.

Par la suite, il vous faudra lire le livre merveilleux qui relate le destin et la quête de Marie Grubbe, ainsi que la correspondance, les extraits des journaux, les fragments, et enfin les vers de Jacobsen qui (même si leur traduction n'est que passable) sont doués d'une résonance infinie (je vous conseillerais d'acheter, si vous en avez l'occasion, la belle édition des œuvres complètes de Jacobsen — qui contient tout cela. Elle a été publiée en trois volumes, et dans une bonne traduction, chez Eugen Diederichs, à Leipzig, et elle ne coûte, je crois, que cinq ou six marks le volume).

Dans ce que vous dites à propos de « Là, eussent dû être des roses[6] » (œuvre d'une forme et d'une finesse incomparables) vous avez naturellement tout à fait raison, sans conteste, contre celui qui a rédigé l'introduction. Permettez-moi de formuler ici tout de suite cette prière : autant que possible, lisez peu de réflexions d'ordre esthétique et critique — ou bien ce sont des vues partisanes, figées et désormais dépourvues de sens dans leur pétrification sans vie, ou bien ce sont d'habiles jeux de mots où telle conception l'emporte aujourd'hui et la vision contraire le lendemain.

Kunstwerke sind von einer unendlichen Einsamkeit und mit nichts so wenig erreichbar als mit Kritik. Nur Liebe kann sie erfassen und halten und kann gerecht sein gegen sie. — Geben Sie jedesmal sich *und Ihrem Gefühl recht, jeder solchen Auseinandersetzung, Besprechung oder Einführung gegenüber; sollten Sie doch unrecht haben, so wird das natürliche Wachstum Ihres inneren Lebens Sie langsam und mit der Zeit zu anderen Erkenntnissen führen. Lassen Sie Ihren Urteilen die eigene stille, ungestörte Entwicklung, die, wie jeder Fortschritt, tief aus innen kommen muß und durch nichts gedrängt oder beschleunigt werden kann. Alles* ist *austragen und dann gebären. Jeden Eindruck und jeden Keim eines Gefühls ganz in sich, im Dunkel, im Unsagbaren, Unbewußten, dem eigenen Verstande Unerreichbaren sich vollenden lassen und mit tiefer Demut und Geduld die Stunde der Niederkunft einer neuen Klarheit abwarten: das allein heißt künstlerisch leben: im Verstehen wie im Schaffen.*

Da gibt es kein Messen mit der Zeit, da gilt kein Jahr, und zehn Jahre sind nichts, Künstler sein heißt: nicht rechnen und zählen; reifen wie der Baum, der seine Säfte nicht drängt und getrost in den Stürmen des Frühlings steht ohne die Angst, daß dahinter kein Sommer kommen könnte. Er kommt doch. Aber er kommt nur zu den Geduldigen, die da sind, als ob die Ewigkeit vor ihnen läge, so sorglos still und weit.

La solitude qui enveloppe les œuvres d'art est infinie, et il n'est rien qui permette de moins les atteindre que la critique. Seul l'amour peut les appréhender, les saisir et faire preuve de justesse à leur endroit.

À chaque fois, dans toute discussion de ce genre, à l'égard de toute recension ou de toute introduction de cet ordre, donnez-vous raison, *à vous* et à votre sentiment, et si toutefois vous devez avoir tort, c'est la croissance naturelle de votre vie intérieure qui lentement et avec le temps vous conduira vers d'autres conceptions. Conservez à vos jugements leur évolution propre, leur développement calme et sans perturbation, qui, comme tout progrès, doit avoir de profondes racines et n'être pressé par rien ni accéléré. *Tout* est d'abord mené à terme, puis mis au monde. Laisser s'épanouir toute impression et tout germe d'un sentiment au plus profond de soi, dans l'obscurité, dans l'ineffable, dans l'inconscient, dans cette région où notre propre entendement n'accède pas, attendre en toute humilité et patience l'heure où l'on accouchera d'une clarté neuve : c'est cela seulement qui est vivre en artiste, dans l'intelligence des choses comme dans la création.

Le temps n'est plus alors une mesure appropriée, une année n'est pas un critère, et dix ans ne sont rien ; être artiste veut dire ne pas calculer, ne pas compter, mûrir tel un arbre qui ne presse pas sa sève, et qui, confiant, se dresse dans les tempêtes printanières sans craindre que l'été puisse ne pas venir. Or il viendra pourtant. Mais il ne vient que pour ceux qui sont patients, qui vivent comme s'ils avaient l'éternité devant eux, si sereinement tranquille et vaste.

Ich lerne es täglich, lerne es unter Schmerzen, denen ich dankbar bin : Geduld *ist alles!*

Richard Dehmel : Mir geht es mit seinen Büchern (und nebenbei gesagt auch mit dem Menschen, den ich flüchtig kenne) so, daß, wenn ich eine seiner schönen Seiten gefunden habe, ich mich immer vor der nächsten fürchte, die alles wieder zerstören und das Liebenswerte in Unwürdiges verkehren kann. Sie haben ihn ganz gut charakterisiert mit dem Wort : ›brünstig leben und dichten‹. — Und tatsächlich liegt ja künstlerisches Erleben so unglaublich nahe am geschlechtlichen, an seinem Weh und seiner Lust, daß die beiden Erscheinungen eigentlich nur verschiedene Formen einer und derselben Sehnsucht und Seligkeit sind. Und wenn man statt Brunst — Geschlecht sagen dürfte, Geschlecht im großen, weiten, reinen, durch keinen Kirchenirrtum verdächtigten Sinne, so wäre seine Kunst sehr groß und unendlich wichtig. Seine dichterische Kraft ist groß und wie ein Urtrieb stark, sie hat eigene rücksichtslose Rhythmen in sich und bricht wie aus Bergen aus ihm aus.

Aber es scheint, daß diese Kraft nicht immer ganz aufrichtig und ohne Pose ist. (Aber das ist ja auch eine der schwersten Prüfungen an dem Schaffenden : er muß immer der Unbewußte, der Ahnungslose seiner besten Tugenden bleiben, wenn er diesen nicht ihre Unbefangenheit und Unberührtheit nehmen will!) Und dann, wo sie, durch sein Wesen rauschend, zum Geschlechtlichen kommt, da findet sie keinen ganz so reinen Menschen, wie sie ihn brauchte.

C'est ce que j'apprends tous les jours, je l'apprends à travers des souffrances auxquelles je suis reconnaissant : tout est en l'occurrence affaire de *patience*!

Richard Dehmel [7] : ses livres (et, soit dit en passant, l'homme aussi que je connais vaguement) me font cet effet que lorsque j'y ai trouvé une belle page, j'ai toujours peur de la suivante qui peut tout détruire et pervertir ce qu'on a aimé en en faisant quelque chose de décevant. Vous l'avez fort bien défini par cette formule : « écrire et vivre en rut »... Et c'est un fait que l'expérience artistique est si incroyablement proche de l'expérience sexuelle, de la douleur et du plaisir qu'elle donne, que les deux phénomènes ne sont en fait que des formes différentes d'un seul et même désir, d'une même et unique joie. Et si, au lieu de rut, il était permis de parler de sexe, en un sens large, pur et grand, en un sens que n'entacherait aucun soupçon surgi de l'erreur commise par l'Église, son art serait vraiment considérable et tout à fait décisif. Sa force poétique est grande, forte comme un instinct primitif, elle recèle ses propres rythmes effrénés, et jaillit de lui comme un torrent d'une montagne.
Mais il semble que cette force n'est pas toujours absolument sincère ni dépourvue de pose (mais c'est bien l'une des épreuves les plus difficiles pour un créateur : il lui faut sans cesse être inconscient de ses meilleures vertus, ne pas en avoir la notion s'il ne veut pas leur retirer leur naïveté et leur authenticité!). Et lorsque cette force, traversant son être en grondant, débouche sur la sexualité, elle ne rencontre pas alors un homme aussi pur qu'elle le requerrait.

Da ist keine ganz reife und reine Geschlechtswelt, eine, die nicht menschlich *genug, die nur* männlich *ist, Brunst ist, Rausch und Ruhelosigkeit, und beladen mit den alten Vorurteilen und Hoffarten, mit denen der Mann die Liebe entstellt und beladen hat. Weil er nur als Mann liebt, nicht als Mensch, darum ist in seiner Geschlechtsempfindung etwas Enges, scheinbar Wildes, Gehässiges, Zeitliches, Unewiges, das seine Kunst verringert und sie zweideutig und zweifelhaft macht. Sie ist* nicht *ohne Makel, sie ist gezeichnet von der Zeit und von der Leidenschaft, und wenig aus ihr wird dauern und bestehen. (Die meiste Kunst ist aber so!) Aber trotzdem kann man sich an dem, was in ihr Großes ist, tief freuen und muß nur nicht daran verloren gehen und Anhänger jener Dehmelschen Welt werden, die so unendlich bange, voll Ehebruch und Wirrnis, ist und fern von den wirklichen Schicksalen, die mehr leiden machen als diese zeitlichen Trübnisse, aber auch mehr Gelegenheit zu Größe geben und mehr Mut zur Ewigkeit.*

Was endlich meine Bücher anlangt, so möchte ich Ihnen am liebsten alle senden, die Sie irgend freuen könnten. Aber ich bin sehr arm, und meine Bücher gehören, sobald sie einmal erschienen sind, nicht mehr mir. Ich kann sie selbst nicht kaufen — und, wie ich so oft möchte, denen geben, die ihnen Liebes erweisen würden.

Deshalb schreibe ich Ihnen auf einen Zettel die Titel (und Verlage) meiner jüngsterschienenen Bücher (der neuesten,

Elle ne trouve pas un monde sexuel épanoui et pur, qui serait assez *humain* et non exclusivement *masculin* ; elle est rut, ivresse et impétuosité, lourde des vieux préjugés et de la morgue dont les mâles ont accablé et défiguré l'amour. Dans la mesure où son amour est uniquement masculin et non humain, sa perception sexuelle a quelque chose d'étroit, d'apparemment sauvage, haineux, éphémère, transitoire qui restreint son art, le rend équivoque et douteux. Elle *n'est pas* sans tache, elle est circonscrite par l'époque et par la passion, peu de choses d'elle dureront et se maintiendront (mais c'est le cas de la majeure partie de l'art !). Malgré cela, il est possible d'éprouver une joie profonde face à ce qu'il y a en elle de grand, il suffit de ne pas s'y perdre et de ne pas devenir adepte de cet univers à la Dehmel, si absolument crispé, saturé d'adultère et de confusion, si éloigné des destins effectifs, lesquels font souffrir davantage que ces mélancolies d'époque, mais offrent plus d'occasions d'accéder à la grandeur, et plus de courage pour affronter l'éternité.

À propos de mes livres, enfin, je préférerais vous envoyer tous ceux qui seraient susceptibles de vous faire plaisir en quelque manière. Mais je suis fort pauvre, et mes livres, dès qu'ils sont parus, ne m'appartiennent plus. Je ne peux même pas les acheter, ni, comme je le souhaiterais si souvent, les donner à ceux qui seraient prêts à leur témoigner quelque amabilité.

Voilà pourquoi je vous énumère sur une fiche les titres (et les éditeurs) de mes ouvrages les plus récemment parus (des derniers parus,

im ganzen habe ich wohl 12 oder 13 veröffentlicht) auf und muß es Ihnen, lieber Herr, überlassen, sich gelegentlich mal etwas davon zu bestellen.

Ich weiß meine Bücher gerne bei Ihnen.

Leben Sie wohl!

Ihr

Rainer Maria Rilke

en tout, j'ai dû publier 12 ou 13 livres[8]), et je suis dans la nécessité de vous laisser, cher Monsieur, le soin d'en commander quelques-uns le cas échéant.

Savoir mes livres entre vos mains me sera un plaisir.

Portez-vous bien !

Votre

Rainer Maria Rilke

z. Zt. Worpswede bei Bremen, am 16. Juli 1903

Vor etwa zehn Tagen habe ich Paris verlassen, recht leidend und müde, und bin in eine große nördliche Ebene gefahren, deren Weite und Stille und Himmel mich wieder gesund machen soll. Aber ich fuhr in einen langen Regen hinein, der heute erst sich ein wenig lichten will über dem unruhig wehenden Land; und ich benutze diesen ersten Augenblick Helle, um Sie zu grüßen, lieber Herr.

Sehr lieber Herr Kappus : Ich habe einen Brief von Ihnen lange ohne Antwort gelassen, nicht daß ich ihn vergessen hätte — im Gegenteil : er war von der Art derer, die man wieder liest, wenn man sie unter den Briefen findet, und ich erkannte Sie darin wie aus großer Nähe. Es war der Brief vom zweiten Mai, und Sie erinnern sich seiner gewiß. Wenn ich ihn, wie jetzt, in der großen Stille dieser Ferne lese, dann rührt mich Ihre schöne Sorge um das Leben, mehr noch, als ich das schon in Paris empfunden habe, wo alles anders anklingt und verhallt wegen des übergroßen Lärmes, von dem die Dinge zittern.

J'ai quitté Paris il y a dix jours environ, vraiment souffrant et fatigué, et je me suis rendu dans cette grande plaine du nord dont la vastitude, le calme et le ciel sont censés me faire recouvrer la santé. Mais j'ai voyagé sous une pluie qui n'en finissait pas et qui ne consent qu'aujourd'hui à céder devant un peu de ciel clair au-dessus du pays secoué par les vents ; je profite de ce premier moment de clarté pour vous saluer, cher Monsieur.

Mon bien cher monsieur Kappus, j'ai laissé long-temps sans réponse une lettre de vous, non que je l'eusse oubliée, au contraire, elle était de ces lettres qu'on relit lorsqu'on les retrouve parmi la correspon-dance, et je vous y ai reconnu comme si vous étiez tout proche. Il s'agit de votre lettre du 2 mai et vous vous en souvenez certainement. Lorsque je la lis, comme à présent, dans le grand calme de ce lointain, je suis touché par la belle manière dont vous vous préoccupez de l'existence, et je ressens votre souci plus encore qu'à Paris où tout résonne autrement et perd ses contours sonores en raison de l'énorme vacarme qui fait trem-bler les choses.

Hier, wo ein gewaltiges Land um mich ist, über das von den Meeren her die Winde gehen, hier fühle ich, daß auf jene Fragen und Gefühle, die in ihren Tiefen ein eigenes Leben haben, nirgend ein Mensch Ihnen antworten kann ; denn es irren auch die Besten in den Worten, wenn sie Leisestes bedeuten sollen und fast Unsägliches. Aber ich glaube trotzdem, daß Sie nicht ohne Lösung bleiben müssen, wenn Sie sich an Dinge halten, die denen ähnlich sind, an welchen jetzt meine Augen sich erholen. Wenn Sie sich an die Natur halten, an das Einfache in ihr, an das Kleine, das kaum einer sieht, und das so unversehens zum Großen und Unermeßlichen werden kann ; wenn Sie diese Liebe haben zu dem Geringen und ganz schlicht als ein Dienender das Vertrauen dessen zu gewinnen suchen, was arm scheint : dann wird Ihnen alles leichter, einheitlicher und irgendwie versöhnender werden, nicht im Verstande vielleicht, der staunend zurückbleibt, aber in Ihrem innersten Bewußtsein, Wach-sein und Wissen. Sie sind so jung, so vor allem Anfang, und ich möchte Sie, so gut ich es kann, bitten, lieber Herr, Geduld zu haben gegen alles Ungelöste in Ihrem Herzen und zu versuchen, die Fragen selbst *liebzuhaben wie verschlossene Stuben und wie Bücher, die in einer sehr fremden Sprache geschrieben sind. Forschen Sie jetzt nicht nach den Antworten, die Ihnen nicht gegeben werden können, weil Sie sie nicht leben könnten. Und es handelt sich darum, alles zu leben.* Leben *Sie jetzt die Fragen.*

Ici, entouré que je suis d'une vaste contrée parcourue par les vents venus des mers, je sens qu'aucun homme ne saura jamais répondre aux questions et aux sentiments qui ont leur vie propre au cœur de votre intimité ; car même les meilleurs se perdent dans les mots lorsqu'ils ont à faire entendre ce qui est le plus ténu et qui est presque indicible. Mais je crois pourtant que vous n'êtes pas voué à rester sans réponse si vous vous en tenez à des choses qui ressemblent à celles qui actuellement reposent mes yeux. Si vous vous en tenez à la nature, à ce qu'elle recèle de simple, à ce qui est réduit, qu'à peine quelqu'un remarque et qui, de manière inaperçue, peut parvenir à la grandeur et à l'incommensurable, si vous avez cet amour pour ce qui est infime, et si, en toute simplicité, vous cherchez à gagner, pour le servir, la confiance de ce qui semble indigent, tout vous sera plus facile, tout sera plus cohérent et en quelque manière plus harmonieux, non sans doute pour l'entendement qui, étonné, observe une certaine réserve, mais pour votre conscience la plus profonde, pour votre lucidité et votre savoir. Vous êtes si jeune, en quelque sorte avant tout début, et je voudrais, aussi bien que je le puis, vous prier, cher Monsieur, d'être patient à l'égard de tout ce qui dans votre cœur est encore irrésolu, et de tenter d'aimer *les questions elles-mêmes* comme des pièces closes et comme des livres écrits dans une langue fort étrangère. Ne cherchez pas pour l'instant des réponses, qui ne sauraient vous être données car vous ne seriez pas en mesure de les vivre. Or il s'agit précisément de tout vivre. *Vivez* maintenant les questions.

Vielleicht leben Sie dann allmählich, ohne es zu merken, eines fernen Tages in die Antwort hinein. Vielleicht tragen Sie ja in sich die Möglichkeit, zu bilden und zu formen, als eine besonders selige und reine Art des Lebens; erziehen Sie sich dazu, — aber nehmen Sie das, was kommt, in großem Vertrauen hin, und wenn es nur aus Ihrem Willen kommt, aus irgendeiner Not Ihres Innern, so nehmen Sie es auf sich und hassen Sie nichts. Das Geschlecht ist schwer; ja. Aber es ist Schweres, was uns aufgetragen wurde, fast alles Ernste ist schwer, und alles ist ernst. Wenn Sie das nur erkennen und dazu kommen, aus sich, aus Ihrer Anlage und Art, aus Ihrer Erfahrung und Kindheit und Kraft heraus ein ganz eigenes (von Konvention und Sitte nicht beeinflußtes) Verhältnis zu dem Geschlecht zu erringen, dann müssen Sie nicht mehr fürchten, sich zu verlieren und unwürdig zu werden Ihres besten Besitzes.

Die körperliche Wollust ist ein sinnliches Erlebnis, nicht anders als das reine Schauen oder das reine Gefühl, mit dem eine schöne Frucht die Zunge füllt; sie ist eine große, unendliche Erfahrung, die uns gegeben wird, ein Wissen von der Welt, die Fülle und der Glanz alles Wissens. Und nicht, daß wir sie empfangen, ist schlecht; schlecht ist, daß fast alle diese Erfahrung mißbrauchen und vergeuden und sie als Reiz an die müden Stellen ihres Lebens setzen und als Zerstreuung statt als Sammlung zu Höhepunkten. Die Menschen haben ja auch das Essen zu etwas anderem gemacht:

Peut-être vivrez-vous par la suite et petit à petit, sans vous en apercevoir, en ayant, un jour lointain, pénétré au sein des réponses. Peut-être recelez-vous la possibilité de former et de structurer comme une modalité de la vie particulièrement heureuse et pure ; éduquez-vous à cela, mais acceptez ce qui arrivera en toute confiance ; et si cela ne provient que de votre seule volonté, d'une quelconque nécessité de votre intériorité, accueillez-le et ne haïssez rien. Ce qui est sexuel est difficile, en effet. Mais ce qui nous a été enjoint est grave, et presque tout ce qui est sérieux est grave, or tout est sérieux. Si seulement vous prenez conscience de cela et si vous parvenez, à partir de vous-même, de *vos* dispositions, à votre manière, en puisant dans votre propre expérience, dans votre enfance et dans vos forces, à nouer un rapport tout à fait personnel (que n'influencent ni les conventions ni les mœurs) à la sexualité, vous n'aurez plus à craindre désormais de vous perdre ni d'être indigne de ce qu'il y a de meilleur en vous.

Le plaisir physique est une expérience sensible qui n'est en rien différente de l'intuition pure ou du sentiment pur dont un beau fruit comble la langue ; c'est une grande expérience, infinie, qui nous est accordée, un savoir du monde, la plénitude et la gloire de tout savoir. Et ce qui est mal ce n'est pas que nous ressentions ce plaisir ; ce qui est mal c'est que presque tout le monde mésuse de cette expérience et la dilapide, en fait un excitant pour faire pièce aux moments de lassitude qu'ils vivent, en fait une distraction au lieu qu'elle rassemble notre existence en vue de ses acmés. Les hommes n'ont-ils pas d'ailleurs altéré même le fait de manger :

*Not auf der einen, Überfluß auf der anderen Seite haben die
Klarheit dieses Bedürfnisses getrübt, und ähnlich trübe sind alle
die tiefen, einfachen Notdürfte geworden, in denen das Leben
sich erneuert. Aber der einzelne kann sie für sich klären und klar
leben (und wenn nicht der einzelne, der zu abhängig ist, so doch
der Einsame). Er kann sich erinnern, daß alle Schönheit in
Tieren und Pflanzen eine stille dauernde Form von Liebe und
Sehnsucht ist, und er kann das Tier sehen, wie er die Pflanze
sieht, geduldig und willig sich vereinigend und vermehrend und
wachsend nicht aus physischer Lust, nicht aus physischem Leid,
Notwendigkeiten sich neigend, die größer sind als Lust und Leid
und gewaltiger denn Wille und Widerstand. O daß der Mensch
dieses Geheimnis, dessen die Erde voll ist bis in ihre kleinsten
Dinge, demütiger empfinge und ernster trüge, ertrüge und
fühlte, wie schrecklich schwer es ist, statt es leicht zu nehmen.
Daß er ehrfürchtig wäre gegen seine Fruchtbarkeit, die nur
eine ist, ob sie geistig oder körperlich scheint; denn auch das
geistige Schaffen stammt von dem physischen her, ist eines
Wesens mit ihm und nur wie eine leisere, entzücktere und
ewigere Wiederholung leiblicher Wollust. ›Der Gedanke,
Schöpfer zu sein, zu zeugen, zu bilden‹, ist nichts ohne seine
fortwährende, große Bestätigung und Verwirklichung in der
Welt, nichts ohne die tausendfältige Zustimmung aus Dingen
und Tieren,*

indigence d'un côté, surabondance de l'autre ont troublé la transparence de ce besoin, et toutes les nécessités vitales profondes et simples sont désormais également troublées, où la vie se renouvelle. L'individu peut cependant les rendre claires pour lui, et vivre de manière claire (et si ce n'est pas l'individu, pour être trop dépendant, qui y parviendra, ce sera néanmoins le solitaire). Il peut se rappeler que, chez les animaux et les plantes, toute beauté est une forme stable et durable d'amour et de désir; et il peut observer l'animal, comme la plante, s'unir et se multiplier, patiemment, docilement, et croître non par plaisir physique ni par souffrance, mais se pliant à des nécessités qui dépassent le plaisir et la souffrance, plus puissantes que la volonté et le refus. Ô puisse l'homme ressentir avec plus d'humilité ce secret dont la terre est pleine jusque dans les moindres choses, puisse-t-il s'en faire avec plus de gravité le dépositaire, puisse-t-il supporter et percevoir combien il est terriblement difficile au lieu de le prendre à la légère. Si seulement il pouvait se montrer respectueux de sa fécondité, qui est une, fût-elle spirituelle ou physique; car la création intellectuelle provient elle aussi de la création physique, ne constitue avec cette dernière qu'un seul phénomène, et n'est qu'une répétition atténuée, plus détachée et plus éternelle du plaisir de chair. « L'idée d'être créateur, de produire, de donner forme » n'est rien sans de durables, d'importantes confirmation et réalisation effectives, rien sans l'assentiment qui sous mille aspects viendra des choses et des bêtes,

— und sein Genuß ist nur deshalb so unbeschreiblich schön und reich, weil er voll ererbter Erinnerungen ist aus Zeugen und Gebären von Millionen. In einem Schöpfergedanken leben tausend vergessene Liebesnächte auf und erfüllen ihn mit Hoheit und Höhe. Und die in den Nächten zusammenkommen und verflochten sind in wiegender Wollust, tun eine ernste Arbeit und sammeln Süßigkeiten an, Tiefe und Kraft für das Lied irgendeines kommenden Dichters, der aufstehn wird, um unsägliche Wonnen zu sagen. Und rufen die Zukunft herbei; und wenn sie auch irren und sich blindlings umfassen, die Zukunft kommt doch, ein neuer Mensch erhebt sich, und auf dem Grunde des Zufalls, der hier vollzogen scheint, erwacht das Gesetz, mit dem ein widerstandsfähiger kräftiger Samen sich durchdrängt zu der Eizelle, die ihm offen entgegenzieht. Lassen Sie sich nicht beirren durch die Oberflächen; in den Tiefen wird alles Gesetz. Und die das Geheimnis falsch und schlecht leben (und es sind sehr viele), verlieren es nur für sich selbst und geben es doch weiter wie einen verschlossenen Brief, ohne es zu wissen. Und werden Sie nicht irre an der Vielheit der Namen und an der Kompliziertheit der Fälle. Vielleicht ist über allem eine große Mutterschaft, als gemeinsame Sehnsucht. Die Schönheit der Jungfrau, eines Wesens, ›das (wie Sie so schön sagen) noch nichts geleistet hat‹, ist Mutterschaft, die sich ahnt und vorbereitet, ängstigt und sehnt. Und der Mutter Schönheit ist dienende Mutterschaft, und in der Greisin ist eine große Erinnerung. Und auch im Mann ist Mutterschaft, scheint mir, leibliche und geistige;

et la jouissance qu'elle procure n'est si indescriptible-
ment belle et riche qu'à être remplie des souvenirs
hérités de la création et de la mise au monde de
millions d'êtres. Dans une seule idée d'un créateur
vivent mille nuits d'amour oubliées qui la comblent de
majesté et de grandeur. Et ceux qui la nuit s'unissent
et s'enlacent dans le plaisir qui les berce font œuvre
sérieuse et rassemblent des douceurs, de la profondeur
et de la force pour le chant de quelque poète à venir
qui se lèvera pour dire d'ineffables délices. Et ils
appellent la venue du futur ; quand bien même ils se
tromperaient et s'embrasseraient aveuglément, l'ave-
nir viendra tout de même, un homme nouveau appa-
raîtra, et, sur le fond du hasard qui semble s'être alors
accompli, s'éveille la loi qui contraint une vigoureuse
semence rebelle à se presser vers l'ovule qui s'ouvre à
sa rencontre. Ne vous laissez pas abuser par les
surfaces ; en profondeur, tout est loi. Et ceux qui vivent
le secret mal et à faux (ils sont fort nombreux) ne
fourvoient qu'eux-mêmes tout en continuant de le
transmettre sans le savoir, comme une lettre cachetée.
Et ne soyez pas trompé par la multitude des noms ni
par la complexité des cas. Sans doute y a-t-il par-
dessus tout un grand principe maternel, désir commun
à tout. La beauté d'une vierge, d'un être « qui n'a rien
encore accompli » (comme vous dites si joliment) est
maternité qui se pressent et se prépare, s'inquiète et
languit. La beauté de la mère est maternité qui se
dévoue, et, chez la vieille femme, on trouve une grande
mémoire. La maternité est chez l'homme aussi, me
semble-t-il, charnelle et spirituelle ;

sein Zeugen ist auch eine Art Gebären, und Gebären ist es, wenn er schafft aus innerster Fülle. Und vielleicht sind die Geschlechter verwandter, als man meint, und die große Erneuerung der Welt wird vielleicht darin bestehen, daß Mann und Mädchen sich, befreit von allen Irrgefühlen und Unlüsten, nicht als Gegensätze suchen werden, sondern als Geschwister und Nachbarn und sich zusammentun werden als Menschen, *um einfach, ernst und geduldig das schwere Geschlecht, das ihnen auferlegt ist, gemeinsam zu tragen.*

Aber alles, was vielleicht einmal vielen möglich sein wird, kann der Einsame jetzt schon vorbereiten und bauen mit seinen Händen, die weniger irren. Darum, lieber Herr, lieben Sie Ihre Einsamkeit, und tragen Sie den Schmerz, den sie Ihnen verursacht, mit schön klingender Klage. Denn die Ihnen nahe sind, sind fern, sagen Sie, und das zeigt, daß es anfängt, weit um Sie zu werden. Und wenn Ihre Nähe fern ist, dann ist Ihre Weite schon unter den Sternen und sehr groß; freuen Sie sich Ihres Wachstums, in das Sie ja niemanden mitnehmen können, und seien Sie gut gegen die, welche zurückbleiben, und seien Sie sicher und ruhig vor ihnen und quälen Sie sie nicht mit Ihren Zweifeln und erschrecken Sie sie nicht mit Ihrer Zuversicht oder Freude, die sie nicht begreifen könnten. Suchen Sie sich mit ihnen irgendeine schlichte und treue Gemeinsamkeit, die sich nicht notwendig verändern muß, wenn Sie selbst anders und anders werden;

la création masculine est elle aussi une sorte d'accou-
chement, et c'est un enfantement lorsqu'il crée à partir
de sa plénitude la plus intime. Et peut-être les sexes
sont-ils plus proches qu'on ne le pense ; la grande
innovation mondiale consistera sans doute en ce que
l'homme et la femme, affranchis de tous les sentiments
erronés et de toutes les répugnances, ne se chercheront
plus comme des contraires s'attirent, mais comme des
frères et des sœurs, comme des voisins qui s'uniront
comme des *êtres humains* pour simplement, gravement
et patiemment assumer en commun cette sexualité
difficile qui leur échoit.

Mais tout ce qui, un jour, deviendra peut-être
possible pour beaucoup, le solitaire peut déjà le
préparer et l'élaborer de ses propres mains qui se
trompent moins. C'est pourquoi, cher Monsieur, il
vous faut aimer votre solitude, et supporter, à travers
des plaintes aux beaux accents, la souffrance qu'elle
vous cause. Car ceux qui vous sont proches se trouvent
au loin, dites-vous, ce qui révèle qu'une certaine
ampleur est en train de s'installer autour de vous. Et si
ce qui vous est proche est déjà lointain, votre ampleur
confine alors aux étoiles, et elle est fort vaste ; réjouis-
sez-vous de votre croissance où vous ne pouvez bien
sûr vous faire accompagner par personne ; soyez
gentil à l'égard de ceux qui restent en arrière, soyez
calme et sûr de vous face à eux, ne les tourmentez pas
de vos doutes ni ne les effrayez de votre assurance ou
de votre joie qu'ils ne pourraient saisir. Cherchez à
nouer avec eux quelques liens simples et fidèles qui
n'auront pas à se modifier nécessairement lorsque
vous-même vous transformerez toujours davantage ;

lieben Sie an ihnen das Leben in einer fremden Form und haben Sie Nachsicht gegen die alternden Menschen, die das Alleinsein fürchten, zu dem Sie Vertrauen haben. Vermeiden Sie, jenem Drama, das zwischen Eltern und Kindern immer ausgespannt ist, Stoff zuzuführen; es verbraucht viel Kraft der Kinder und zehrt die Liebe der Alten auf, die wirkt und wärmt, auch wenn sie nicht begreift. Verlangen Sie keinen Rat von ihnen und rechnen Sie mit keinem Verstehen; aber glauben Sie an eine Liebe, die für Sie aufbewahrt wird wie eine Erbschaft, und vertrauen Sie, daß in dieser Liebe eine Kraft ist und ein Segen, aus dem Sie nicht herausgehen müssen, um ganz weit zu gehen!

Es ist gut, daß Sie zunächst in einen Beruf münden, der Sie selbständig macht und Sie vollkommen auf sich selbst stellt in jedem Sinne. Warten Sie geduldig ab, ob Ihr innerstes Leben sich beschränkt fühlt durch die Form dieses Berufes. Ich halte ihn für sehr schwer und für sehr anspruchsvoll, da er von großen Konventionen belastet ist und einer persönlichen Auffassung seiner Aufgaben fast keinen Raum läßt. Aber Ihre Einsamkeit wird Ihnen auch inmitten sehr fremder Verhältnisse Halt und Heimat sein, und aus ihr heraus werden Sie alle Ihre Wege finden. Alle meine Wünsche sind bereit, Sie zu begleiten, und mein Vertrauen ist mit Ihnen.

Ihr

Rainer Maria Rilke

aimez en eux la vie sous une forme étrangère, et faites montre d'indulgence à l'endroit des personnes qui vieillissent et qui redoutent cette solitude qui vous est familière. Évitez de nourrir ce drame toujours ouvert entre parents et enfants : il gaspille tant de force chez les enfants et consume l'amour des parents qui agit et réchauffe même lorsqu'il ne comprend pas. N'exigez aucun conseil d'eux et ne comptez pas sur la moindre compréhension, mais croyez à leur amour qui vous sera conservé comme un héritage ; et soyez persuadé qu'il y a, dans cet amour, une force et une bénédiction que vous n'aurez pas à abandonner pour aller fort loin !

Il est bon que vous accédiez d'abord à une profession qui vous fait indépendant et vous mette sur un pied d'autonomie à tout point de vue. Attendez patiemment de savoir si votre vie la plus intime se sent limitée par la forme de cette profession. Je la tiens pour très difficile et très exigeante, car elle est grevée de considérables conventions, et elle ne laisse pour ainsi dire aucune place à une conception personnelle des tâches qu'elle implique. Mais même au sein de contextes très étrangers, votre solitude vous sera un soutien et un havre, et c'est à partir d'elle que vous saurez trouver tous les chemins qui seront vôtres. Tous mes vœux sont prêts à vous accompagner, et j'ai confiance en vous.

Votre

Rainer Maria Rilke

Rom, am 29. Oktober 1903

Lieber und geehrter Herr,

Ihren Brief vom 29. August empfing ich in Florenz, und nun — nach zwei Monaten erst — sage ich Ihnen davon. Verzeihen Sie nur diese Säumigkeit, — aber ich schreibe unterwegs ungern Briefe, weil ich zum Briefschreiben mehr brauche als das allernötigste Gerät : etwas Stille und Einsamkeit und eine nicht allzu fremde Stunde.

In Rom trafen wir vor etwa sechs Wochen ein, zu einer Zeit, da es noch das leere, das heiße, das fieberverrufene Rom war, und dieser Umstand trug mit anderen praktischen Einrichtungs-schwierigkeiten dazu bei, daß die Unruhe um uns kein Ende nehmen wollte und die Fremde mit der Last der Heimatlosigkeit auf uns lag. Dazu ist noch zu rechnen, daß Rom (wenn man es noch nicht kennt) in den ersten Tagen erdrückend traurig wirkt : durch die unlebendige und trübe Museumsstimmung, die es ausatmet, durch die Fülle seiner hervorgeholten und mühsam aufrecht erhaltenen Vergangenheiten (von denen eine kleine Gegenwart sich ernährt),

Très cher Monsieur,

C'est à Florence que j'ai reçu votre lettre du 29 août,
et c'est maintenant seulement — après deux mois —
que je vous en parle. Pardonnez simplement cette
négligence, mais je n'écris pas volontiers de lettres
lorsque je suis en voyage, car j'ai besoin, pour écrire
des lettres, plus que du strict minimum : il me faut
quelque tranquillité et quelque solitude, ainsi qu'un
moment assez propice.

Nous sommes arrivés à Rome il y a six semaines
environ[9], à une époque où c'était encore la Rome vide,
torride, suspecte de fièvres, et cette circonstance jointe
à d'autres difficultés pratiques d'installation a contri-
bué au fait qu'autour de nous l'agitation ne voulait pas
du tout cesser, et que le dépaysement, comme la
difficulté d'être sans patrie, nous cernaient. Il faut
ajouter à cela que Rome (lorsqu'on ne la connaît pas
encore) suscite, dans les premiers jours, une oppres-
sante tristesse : à cause de la trouble atmosphère de
musée, dépourvue de vie, qu'elle exhale, en raison du
foisonnement de ses différents passés qu'on a exhumés
et qu'on fait non sans peine tenir debout (dont un
présent mesquin tire sa subsistance),

durch die namenlose, von Gelehrten und Philologen unterstützte und von den gewohnheitsmäßigen Italienreisenden nachgeahmte Überschätzung aller dieser entstellten und verdorbenen Dinge, die doch im Grunde nicht mehr sind als zufällige Reste einer anderen Zeit und eines Lebens, das nicht unseres ist und unseres nicht sein soll. Schließlich, nach Wochen täglicher Abwehr, findet man sich, obwohl noch ein wenig verwirrt, zu sich selber zurück, und man sagt sich : Nein, es ist hier nicht mehr Schönheit als anderswo, und alle diese von Generationen immer weiterbewunderten Gegenstände, an denen Handlangerhände gebessert und ergänzt haben, bedeuten nichts, sind nichts und haben kein Herz und keinen Wert ; — aber es ist viel Schönheit hier, weil überall viel Schönheit ist. Unendlich lebensvolle Wasser gehen über die alten Aquädukte in die große Stadt und tanzen auf den vielen Plätzen über steinernen weißen Schalen und breiten sich aus in weiten, geräumigen Becken und rauschen bei Tag und erheben ihr Rauschen zur Nacht, die hier groß und gestirnt ist und weich von Winden. Und Gärten sind hier, unvergeßliche Alleen und Treppen, Treppen, von Michelangelo ersonnen, Treppen, die nach dem Vorbild abwärts gleitender Wasser erbaut sind, — breit im Gefäll Stufe aus Stufe gebärend wie Welle aus Welle. Durch solche Eindrücke sammelt man sich, gewinnt sich zurück aus dem anspruchsvollen Vielen, das da spricht und schwätzt (und wie gesprächig ist es !), und lernt langsam die sehr wenigen Dinge erkennen, in denen Ewiges dauert, das man lieben, und Einsames, daran man leise teilnehmen kann.

à cause de la surestimation inouïe, entretenue par des savants et des philologues, reconduite par tous ceux qui conventionnellement font un voyage en Italie, de toutes ces choses défigurées et dégradées qui, dans le fond, ne sont pourtant rien d'autre que les restes fortuits d'un autre temps et d'une vie qui n'est pas la nôtre et ne sera pas la nôtre. Enfin, après des semaines de résistance quotidienne, on se retrouve soi-même, bien qu'un peu déconcerté, et l'on se dit : non, il n'y a pas *plus* de beauté ici qu'ailleurs, et tous ces objets que des générations ne cessent d'admirer, perfectionnés et achevés par des mains d'ouvriers, ne signifient rien, n'ont ni cœur ni valeur ; mais il y a beaucoup de beauté ici parce qu'il y a beaucoup de beauté partout. Des eaux infiniment vives parcourent les anciens aqueducs vers la grande cité, et dansent sur les nombreuses places, débordant de vasques de pierre blanche, pour se répandre dans de vastes et larges bassins, bruissant le jour, élevant leur bruissement vers la nuit, qui est ample, ici, étoilée, adoucie par les vents. Et il y a des jardins ici, des allées et des escaliers inoubliables, des escaliers conçus par Michel-Ange, des escaliers construits selon le modèle de l'eau tombant en cascade, engendrant marche après marche dans une large descente, comme une vague en engendre une autre. Pareilles impressions permettent qu'on cesse de s'éparpiller, qu'on se reconquière en se démarquant de la multitude importune qui parle et bavarde (et combien loquace !), et l'on apprend lentement à connaître les quelques rares choses où perdurent de l'éternel qu'on peut aimer, et de la solitude à quoi l'on peut silencieusement prendre part.

Noch wohne ich in der Stadt auf dem Kapitol, nicht weit von dem schönsten Reiterbilde, das uns aus römischer Kunst erhalten geblieben ist, — dem des Marc Aurel; aber in einigen Wochen werde ich einen stillen schlichten Raum beziehen, einen alten Altan, der ganz tief in einem großen Park verloren liegt, der Stadt, ihrem Geräusch und Zufall verborgen. Dort werde ich den ganzen Winter wohnen und mich freuen an der großen Stille, von der ich das Geschenk guter und tüchtiger Stunden erwarte...

Von dort aus, wo ich mehr zu Hause sein werde, schreibe ich Ihnen einen größeren Brief, darin auch noch von Ihrem Schreiben die Rede sein wird. Heute muß ich Ihnen nur sagen (und vielleicht ist es unrecht, daß ich dies nicht schon früher getan habe), daß das in Ihrem Briefe angekündigte Buch (welches Arbeiten von Ihnen enthalten sollte) nicht hier eingetroffen ist. Ist es an Sie zurückgegangen, vielleicht von Worpswede aus? (Denn: man darf Pakete ins Ausland nicht nachsenden.) Diese Möglichkeit ist die günstigste, die ich gern bestätigt wüßte. Hoffentlich handelt es sich nicht um einen Verlust, — der ja bei italienischen Postverhältnissen nicht zu den Ausnahmen gehört — leider.

Ich hätte auch dieses Buch (wie alles, was ein Zeichen von Ihnen gibt) gern empfangen; und Verse, die inzwischen entstanden sind, werde ich immer (wenn Sie mir sie anvertrauen) lesen und wieder lesen und erleben, so gut und so herzlich ich kann. Mit Wünschen und Grüßen

Ihr

Rainer Maria Rilke

J'habite encore en ville sur le Capitole, non loin de la plus belle statue équestre qui nous ait été conservée de l'art romain, celle de Marc Aurèle; mais, dans quelques semaines, je vais emménager dans un espace tranquille et dépouillé, une vieille terrasse, perdue tout au fond d'un grand parc, à l'abri de la ville, de son vacarme et de ses aléas. Je passerai là tout l'hiver, jouissant du grand calme dont j'attends qu'il m'offre de bonnes heures fructueuses...

De là-bas où je serai davantage chez moi, je vous écrirai une plus longue lettre, et il y sera en outre question de votre écriture. Pour l'heure, je dois vous dire (et sans doute ai-je eu tort de ne pas le faire plus tôt) que le livre (qui doit contenir des travaux de vous) dont vous annonciez l'envoi dans votre lettre n'est pas parvenu jusqu'ici. Vous a-t-il été renvoyé, sans doute de Worpswede? (En effet, on n'est pas autorisé à faire suivre des paquets à l'étranger.) Cette éventualité serait la plus favorable et j'aimerais bien la savoir confirmée. J'espère qu'il ne s'agit pas d'une perte, ce qui ne constituerait certes pas une exception étant donné la situation des postes italiennes — hélas.

J'aurais en outre volontiers reçu ce livre (comme tout ce qui me donne un signe de vous); et les vers qui entre-temps ont vu le jour, je les lirai toujours (pour peu que vous me les confiiez), je les relirai et les goûterai aussi bien et aussi sincèrement que j'en serai capable. Avec mes vœux et mes salutations,

Votre

Rainer Maria Rilke

Rom, am 23. Dezember 1903

Mein lieber Herr Kappus,

Sie sollen nicht ohne einen Gruß von mir sein, wenn es Weihnachten wird und wenn Sie, inmitten des Festes, Ihre Einsamkeit schwerer tragen als sonst. Aber wenn Sie dann merken, daß sie groß ist, so freuen Sie sich dessen; denn was (so fragen Sie sich) wäre eine Einsamkeit, welche nicht Größe hätte; es gibt nur eine Einsamkeit, und die ist groß und ist nicht leicht zu tragen, und es kommen fast allen die Stunden, da sie sie gerne vertauschen möchten gegen irgendeine noch so banale und billige Gemeinsamkeit, gegen den Schein einer geringen Übereinstimmung mit dem Nächstbesten, mit dem Unwürdigsten... Aber vielleicht sind das gerade die Stunden, wo die Einsamkeit wächst; denn ihr Wachsen ist schmerzhaft wie das Wachsen der Knaben und traurig wie der Anfang der Frühlinge. Aber das darf Sie nicht irre machen. Was not tut, ist doch nur dieses: Einsamkeit, große innere Einsamkeit. Insich-Gehen und stundenlang niemandem begegnen, — das muß man erreichen können. Einsam sein, wie man als Kind einsam war,

Mon cher monsieur Kappus,

Il ne faut pas que vous restiez sans un mot de moi alors que Noël approche et que votre solitude, au milieu des fêtes, vous pèsera davantage qu'à l'ordinaire. Mais si vous remarquez alors qu'elle est grande, réjouissez-vous, car que serait une solitude (vous demanderez-vous) qui fût dépourvue de grandeur? Il n'y a qu'une seule solitude, elle est grande, il n'est pas facile de la supporter, et il arrive à presque tout le monde de vivre des heures qu'on voudrait bien pouvoir échanger contre une quelconque compagnie aussi banale et peu choisie fût-elle, contre un semblant d'accord minime avec le premier venu, avec la personne la plus indigne... Mais sans doute sont-ce là les heures où croît la solitude; sa croissance, en effet, est douloureuse comme celle de l'enfant, et triste comme le début du printemps. Mais que cela ne vous abuse point. Ce qui est nécessaire, c'est seulement ceci : la solitude, la grande solitude intérieure. Pénétrer en soi-même et ne voir personne durant des heures, voilà ce à quoi il faut être capable de parvenir. Être seul comme on était seul, enfant,

*als die Erwachsenen umhergingen, mit Dingen verflochten, die
wichtig und groß schienen, weil die Großen so geschäftig
aussahen und weil man von ihrem Tun nichts begriff.*

*Und wenn man eines Tages einsieht, daß ihre Beschäftigun-
gen armselig, ihre Berufe erstarrt und mit dem Leben nicht mehr
verbunden sind, warum dann nicht weiter wie ein Kind darauf
hinsehen als auf ein Fremdes, aus der Tiefe der eigenen Welt
heraus, aus der Weite der eigenen Einsamkeit, die selber Arbeit
ist und Rang und Beruf? Warum eines Kindes weises Nicht-
Verstehen vertauschen wollen gegen Abwehr und Verachtung, da
doch Nicht-Verstehen Alleinsein ist, Abwehr und Verachtung
aber Teilnahme an dem, wovon man sich mit diesen Mitteln
scheiden will.*

*Denken Sie, lieber Herr, an die Welt, die Sie in sich tragen,
und nennen Sie dieses Denken, wie Sie wollen; mag es
Erinnerung an die eigene Kindheit sein oder Sehnsucht zur
eigenen Zukunft hin, — nur seien Sie aufmerksam gegen das,
was in Ihnen aufsteht, und stellen Sie es über alles, was Sie um
sich bemerken. Ihr innerstes Geschehen ist Ihrer ganzen Liebe
wert, an ihm müssen Sie irgendwie arbeiten und nicht zu viel
Zeit und zu viel Mut damit verlieren, Ihre Stellung zu den
Menschen aufzuklären. Wer sagt Ihnen denn, daß Sie über-
haupt eine haben? — Ich weiß, Ihr Beruf ist hart und voll
Widerspruch gegen Sie,*

lorsque les adultes allaient et venaient, pris dans des affaires qui semblaient importantes et considérables, puisque les grandes personnes avaient l'air très occupées et parce qu'on ne comprenait rien à leurs faits et gestes.

Lorsqu'on s'aperçoit un beau jour que leurs occupations sont piètres, leur métier figé et qu'ils n'ont plus de lien avec la vie, pourquoi ne pas continuer, tel un enfant, à porter là-dessus le même regard que sur ce qui est étranger, d'observer tout cela à partir de la profondeur de notre propre monde, à partir de toute l'ampleur de notre solitude personnelle qui est elle-même travail, situation et métier? Pourquoi ne pas échanger la non-compréhension intelligente d'un enfant contre le rejet et le mépris, puisque aussi bien ne pas comprendre c'est être seul, tandis que rejeter et mépriser c'est participer à ce dont on veut se séparer par ce biais-là?

Pensez, cher Monsieur, au monde que vous portez en vous, et donnez à cette réflexion le nom que vous voudrez; qu'il s'agisse du souvenir de votre propre enfance ou d'une aspiration à votre propre avenir, soyez seulement attentif à ce qui s'éveille en vous, et accordez-y une valeur supérieure à tout ce que vous observez autour de vous. Un événement au cœur de votre plus profonde intériorité est digne de tout votre amour, comme il doit mobiliser en quelque manière votre travail, sans prendre trop de temps ni trop d'énergie à expliquer votre attitude à l'égard des autres. Qui vous dit d'ailleurs que vous en ayez une qui fût arrêtée?

Je sais, votre profession est dure, elle est en pleine contradiction avec vous-même;

und ich sah Ihre Klage voraus und wußte, daß sie kommen würde. Nun sie gekommen ist, kann ich Sie nicht beruhigen, ich kann Ihnen nur raten, zu überlegen, ob nicht alle Berufe so sind, voll von Ansprüchen, voll Feindschaft gegen den einzelnen, vollgesogen gleichsam mit dem Haß derer, die sich stumm und mürrisch in die nüchterne Pflicht gefunden haben. Der Stand, in dem Sie jetzt leben müssen, ist nicht schwerer mit Konventionen, Vorurteilen und Irrtümern belastet als alle die anderen Stände, und wenn es welche gibt, die eine größere Freiheit zur Schau tragen, so gibt es doch keinen, der in sich weit und geräumig und mit den großen Dingen, aus denen das wirkliche Leben besteht, in Beziehung ist. Nur der einzelne, der einsam ist, ist wie ein Ding unter die tiefen Gesetze gestellt, und wenn einer hinausgeht in den Morgen, der anhebt, oder hinaus in den Abend schaut, der voll Ereignis ist, und wenn er fühlt, was da geschieht, so fällt aller Stand von ihm ab, wie von einem Toten, obwohl er mitten in lauter Leben steht. Was Sie, lieber Herr Kappus, jetzt als Offizier erfahren müssen, Sie hätten es ähnlich in jedem der bestehenden Berufe gefühlt, ja sogar wenn Sie, außerhalb jeder Stellung, mit der Gesellschaft allein leichte und selbständige Berührung gesucht hätten, würde Ihnen dieses beengende Gefühl nicht erspart geblieben sein. — Es ist überall so; aber das ist kein Grund zu Angst oder Traurigkeit; wenn keine Gemeinsamkeit zwischen den Menschen ist und Ihnen, versuchen Sie es, den Dingen nahe zu sein, die Sie nicht verlassen werden;

je prévoyais votre plainte et savais qu'elle se manifeste-
rait. Maintenant qu'elle s'est exprimée, je ne puis pas
vous apaiser, je ne puis que vous conseiller de réflé-
chir : toutes les professions ne sont-elles pas pleines
d'exigences, pleines d'hostilité à l'égard de l'individu,
tout imprégnées en quelque sorte par la haine de ceux
qui sont restés muets face au devoir objectif et s'y sont
pliés en maugréant. La condition au sein de laquelle il
vous faut désormais vivre n'est pas plus lourdement
grevée de conventions, de préjugés et d'erreurs que
toutes les autres, et s'il en est certaines qui font montre
d'une plus grande liberté, il n'en est aucune qui offre
par elle-même de l'ampleur et de l'espace ni qui soit en
relation étroite avec les grandes choses dont est faite la
vraie vie. Seul l'individu solitaire est, comme une
chose, soumis aux lois profondes, et lorsqu'il sort dans
l'aube qui point ou regarde le crépuscule, événement
plénier, lorsqu'il sent ce qui se produit alors, il se
dépouille de toute sa condition qui le quitte comme un
cadavre bien qu'il soit plongé au cœur de la vie pure.
Ce que vous êtes dans la nécessité de vivre, cher
monsieur Kappus, maintenant que vous êtes officier,
vous l'eussiez semblablement éprouvé dans toutes les
autres professions existantes et, même si, hors de toute
situation, vous eussiez cherché à n'entretenir avec la
société que des contacts légers et libres, ce sentiment
d'oppression ne vous eût pas davantage été épargné.

Il en est partout ainsi, mais ce n'est pas une raison
pour être angoissé ou triste ; s'il n'y a pas de commu-
nauté entre vous et les autres, cherchez à être proche
des choses que vous ne quitterez pas ;

noch sind die Nächte da und die Winde, die durch die Bäume gehn und über viele Länder; noch ist unter den Dingen und bei den Tieren alles voll Geschehen, daran Sie teilnehmen dürfen; und die Kinder sind noch so, wie Sie gewesen sind als Kind, so traurig und glücklich, — und wenn Sie an Ihre Kindheit denken, dann leben Sie wieder unter ihnen, unter den einsamen Kindern, und die Erwachsenen sind nichts, und ihre Würde hat keinen Wert.

Und wenn es Ihnen bang und quälend ist, an die Kindheit zu denken und an das Einfache und Stille, das mit ihr zusammen-hängt, weil Sie an Gott nicht mehr glauben können, der überall darin vorkommt, dann fragen Sie sich, lieber Herr Kappus, ob Sie Gott denn wirklich verloren haben. Ist es nicht vielmehr so, daß Sie ihn noch nie besessen haben? Denn wann sollte das gewesen sein? Glauben Sie, ein Kind kann ihn halten, ihn, den Männer nur mit Mühe tragen und dessen Gewicht die Greise zusammendrückt? Glauben Sie, es könnte, wer ihn wirklich hat, ihn verlieren wie einen kleinen Stein, oder meinen Sie nicht auch, wer ihn hätte, könnte nur noch von ihm verloren werden? — Wenn Sie aber erkennen, daß er in Ihrer Kindheit nicht war, und nicht vorher, wenn Sie ahnen, daß Christus getäuscht worden ist von seiner Sehnsucht und Muhammed betrogen von seinem Stolze, — und wenn Sie mit Schrecken fühlen, daß er auch jetzt nicht ist, in dieser Stunde, da wir von ihm reden, — was berechtigt Sie dann, ihn, welcher niemals war, wie einen Vergangenen zu vermissen und zu suchen, als ob er verloren wäre?

les nuits, elles, sont encore là, et les vents qui traversent les arbres et passent sur tant de pays ; parmi les choses, comme auprès des animaux, il y a encore tant d'événements auxquels il vous sera permis de participer ; et les enfants sont encore comme vous étiez vous-même lorsque vous avez été enfant, aussi tristes et aussi heureux — lorsque vous pensez à votre enfance, vous vivez de nouveau parmi eux, parmi les enfants solitaires, et les adultes ne sont plus rien, leur importance n'est d'aucune valeur.

Si penser à l'enfance, à ce qui l'accompagne qui est simple et tranquille, vous est un sujet d'inquiétude et de tourment — car vous n'êtes plus en mesure de penser à Dieu qui s'y rencontre à chaque instant — demandez-vous alors, cher monsieur Kappus, si vous avez effectivement perdu Dieu. N'est-ce pas au contraire que vous ne L'avez jamais possédé ? Quand cela aurait-il pu se produire ? Croyez-vous qu'un enfant puisse Le supporter, Lui que des hommes ne portent qu'avec peine, et dont le poids écrase les vieillards ? Croyez-vous que celui qui Le possède effectivement puisse L'égarer comme un petit caillou, ou ne pensez-vous pas que celui qui Le possède pourrait seulement être perdu par Lui ?

Si vous admettez qu'Il était absent de votre enfance, et même auparavant, si vous pressentez que le Christ a été trompé par son désir, et Mahomet par son orgueil — et si vous sentez avec effroi qu'Il est absent aujourd'hui encore, à l'heure même où nous parlons de Lui —, qu'est-ce qui vous autorise à le déplorer, Lui qui n'a jamais été, comme s'Il avait disparu, ou à Le chercher comme s'Il était perdu ?

Warum denken Sie nicht, daß er der Kommende ist, der von Ewigkeit her bevorsteht, der Zukünftige, die endliche Frucht eines Baumes, dessen Blätter wir sind? Was hält Sie ab, seine Geburt hinauszuwerfen in die werdenden Zeiten und Ihr Leben zu leben wie einen schmerzhaften und schönen Tag in der Geschichte einer großen Schwangerschaft? Sehen Sie denn nicht, wie alles, was geschieht, immer wieder Anfang ist, und könnte es nicht Sein Anfang sein, da doch Beginn an sich immer so schön ist? Wenn er der Vollkommenste ist, muß nicht Geringeres vor ihm sein, damit er sich auswählen kann aus Fülle und Überfluß? — Muß er nicht der Letzte sein, um alles in sich zu umfassen, und welchen Sinn hätten wir, wenn der, nach dem wir verlangen, schon gewesen wäre?

Wie die Bienen den Honig zusammentragen, so holen wir das Süßeste aus allem und bauen Ihn. Mit dem Geringen sogar, mit dem Unscheinbaren (wenn es nur aus Liebe geschieht) fangen wir an, mit der Arbeit und mit dem Ruhen hernach, mit einem Schweigen oder mit einer kleinen einsamen Freude, mit allem, was wir allein, ohne Teilnehmer und Anhänger tun, beginnen wir Ihn, den wir nicht erleben werden, so wenig unsere Vorfahren uns erleben konnten. Und doch sind sie, diese Langevergangenen, in uns, als Anlage, als Last auf unserem Schicksal, als Blut, das rauscht, und als Gebärde, die aufsteigt aus den Tiefen der Zeit.

Gibt es etwas, was Ihnen die Hoffnung nehmen kann, so einstens in Ihm, in dem Fernsten, Äußersten zu sein?

Pourquoi ne pensez-vous pas qu'Il est celui qui viendra, qui est imminent de toute éternité, le fruit ultime d'un arbre dont nous sommes les feuilles? Qu'est-ce qui vous empêche de projeter Sa naissance dans les temps futurs, et de vivre votre vie comme l'un des beaux jours douloureux d'une grossesse grandiose? Ne constatez-vous pas que tout ce qui arrive est toujours aussi un commencement; cela ne pourrait-il être *Son* commencement puisque tout début est en lui-même toujours si beau? S'Il est le plus parfait, ne doit-Il pas être nécessairement *précédé* par quelque chose de moindre afin qu'Il puisse se distinguer par la plénitude et la surabondance? Ne faut-il pas que *Lui* soit le dernier afin de tout embrasser en Lui-même? Quel sens aurions-nous si celui auquel nous aspirons eût déjà été?

Comme les abeilles recueillent le miel, construisons-Le en allant chercher ce qu'il y a de plus doux dans chaque chose. C'est même par ce qu'il y a de moindre, par ce qui est inapparent (pourvu que cela procède de l'amour) que nous débutons, par le travail et par le repos qui suit, par un silence ou par une petite joie solitaire, par tout ce que nous accomplissons seuls, sans participation ni adhésion des autres, c'est ainsi que nous L'ébauchons, Lui que nous ne connaîtrons point, pas plus que nos ancêtres n'ont pu nous connaître. Et pourtant, ceux-là qui depuis longtemps ne sont plus, ils sont en nous comme une tendance, un poids sur notre destin, un sang qui court, un comportement qui remonte à la nuit des temps.

Y a-t-il quelque chose qui puisse vous ravir l'espoir d'être un jour en Lui qui est le plus lointain, le plus extrême?

Feiern Sie, lieber Herr Kappus, Weihnachten in diesem frommen Gefühl, daß Er vielleicht gerade diese Lebensangst von Ihnen braucht, um zu beginnen; gerade diese Tage Ihres Überganges sind vielleicht die Zeit, da alles in Ihnen an Ihm arbeitet, wie Sie schon einmal, als Kind, atemlos an Ihm gearbeitet haben. Seien Sie geduldig und ohne Unwillen und denken Sie, daß das wenigste, was wir tun können, ist, Ihm das Werden nicht schwerer zu machen, als die Erde es dem Frühling macht, wenn er kommen will.

Und seien Sie froh und getrost.

Ihr   Rainer Maria Rilke

Fêtez Noël, cher monsieur Kappus, pénétré de ce pieux sentiment qu'Il a peut-être besoin, pour s'annoncer, précisément de cette angoisse de vivre qui est la vôtre; ce sont peut-être justement ces jours, qui pour vous représentent une transition, qui sont le moment où tout en vous travaille à Sa venue, tout comme une fois déjà, dans votre enfance, vous avez sans répit travaillé à Sa venue. Soyez patient et faites preuve de bonne volonté; et songez que le moins que nous puissions faire est de ne pas Lui rendre l'avenir plus difficile que ne le fait la terre à l'égard du printemps lorsqu'il veut se manifester.

Soyez joyeux et confiant,

Votre

Rainer Maria Rilke

Mein lieber Herr Kappus,

Es ist viel Zeit hingegangen, seit ich Ihren letzten Brief empfangen habe. Tragen Sie mir das nicht nach; erst war es Arbeit, dann Störung und endlich Kränklichkeit, was mich immer wieder von dieser Antwort abhielt, die (so wollte ich es) aus ruhigen und guten Tagen zu Ihnen kommen sollte. Nun fühle ich mich wieder etwas wohler (der Frühlingsanfang mit seinen bösen, launischen Übergängen war auch hier arg zu fühlen) und komme dazu, Sie, lieber Herr Kappus, zu grüßen und Ihnen (was ich so herzlich gerne tue) das und jenes auf Ihren Brief zu sagen, so gut ich es weiß.

Sie sehen: ich habe Ihr Sonett abgeschrieben, weil ich fand, daß es schön und einfach ist und in der Form geboren, in der es mit so stillem Anstand geht. Es sind die besten von den Versen, die ich von Ihnen lesen durfte. Und nun gebe ich Ihnen jene Abschrift, weil ich weiß, daß es wichtig und voll neuer Erfahrung ist, eine eigene Arbeit in fremder Niederschrift wiederzufinden. Lesen Sie die Verse, als ob es fremde wären, und Sie werden im Innersten fühlen, wie sehr es die Ihrigen sind. —

Mon cher monsieur Kappus,

Beaucoup de temps a passé depuis que j'ai reçu votre dernière lettre. Ne m'en veuillez pas : c'est d'abord le travail, puis le dérangement et enfin la maladie qui m'ont sans arrêt empêché de vous écrire cette réponse qui devait émaner (ainsi l'avais-je voulu) de jours calmes et bénéfiques. Je me sens un peu mieux maintenant (le début du printemps avec ses mauvaises et capricieuses transitions s'est ici aussi durement fait sentir), et je parviens à vous adresser mon salut, cher monsieur Kappus, et à vous dire (ce que je fais volontiers) diverses choses en répondant aussi bien que je le puis à votre lettre.

Vous voyez, j'ai recopié votre sonnet [10] car j'ai trouvé qu'il était beau et simple, coulé dans une forme qui lui sied avec une très discrète décence. Ce sont de vous les meilleurs vers que vous m'avez permis de lire. Je vous envoie cette copie, car je sais combien il est important de redécouvrir son propre travail dans une autre écriture. Lisez ces vers comme s'ils vous étaient inconnus, et vous ressentirez de la manière la plus profonde à quel point ils sont les vôtres...

Es war eine Freude für mich, dieses Sonett und Ihren Brief oft zu lesen; ich danke Ihnen für beides.

Und Sie dürfen sich nicht beirren lassen in Ihrer Einsamkeit, dadurch, daß etwas in Ihnen ist, das sich herauswünscht aus ihr. Gerade dieser Wunsch wird Ihnen, wenn Sie ihn ruhig und überlegen und wie ein Werkzeug gebrauchen, Ihre Einsamkeit ausbreiten helfen über weites Land. Die Leute haben (mit Hilfe von Konventionen) alles nach dem Leichten hin gelöst und nach des Leichten leichtester Seite; es ist aber klar, daß wir uns an das Schwere halten müssen; alles Lebendige hält sich daran, alles in der Natur wächst und wehrt sich nach seiner Art und ist ein Eigenes aus sich heraus, versucht es um jeden Preis zu sein und gegen allen Widerstand. Wir wissen wenig, aber daß wir uns zu Schwerem halten müssen, ist eine Sicherheit, die uns nicht verlassen wird; es ist gut, einsam zu sein, denn Einsamkeit ist schwer; daß etwas schwer ist, muß uns ein Grund mehr sein, es zu tun.

Auch zu lieben ist gut: denn Liebe ist schwer. Liebhaben von **Mensch** *zu* **Mensch** *: das ist vielleicht das Schwerste, was uns aufgegeben ist, das Äußerste, die letzte Probe und Prüfung, die Arbeit, für die alle andere Arbeit nur Vorbereitung ist. Darum können junge Menschen, die Anfänger in allem sind, die Liebe noch nicht: sie müssen sie lernen. Mit dem ganzen Wesen, mit allen Kräften, versammelt um ihr einsames, banges, aufwärts schlagendes Herz, müssen sie lieben lernen.*

Cela fut pour moi une joie de pouvoir souvent lire votre lettre et ce sonnet; je vous remercie pour l'une comme pour l'autre.

Et vous ne devez pas vous laisser tromper, dans votre solitude, par le fait qu'il y a en vous quelque chose qui voudrait la quitter. C'est précisément ce souhait, si vous en usez calmement, de manière réfléchie et comme d'un instrument, qui vous aidera à étendre votre solitude sur une vaste contrée. Les gens ont l'habitude (grâce aux conventions) de chercher à tout des solutions faciles en choisissant, dans la facilité, ce qui coûte le moins de peine; or il est clair que nous devons nous en tenir à ce qui est difficile. Tout ce qui vit s'y tient, tout ce qui est dans la nature se développe, se protège selon son espèce, est quelque chose de spécifique par ses propres moyens, cherche à l'être à tout prix et contre tout obstacle. Nous savons peu de chose, mais que nous devions absolument nous en tenir à ce qui est difficile, c'est une certitude qui ne nous quittera pas : il est bon d'être seul, car la solitude est difficile; et le fait que quelque chose soit difficile doit nous être une raison supplémentaire de le faire.

Aimer est aussi une bonne chose, car l'amour est difficile. Que deux êtres humains s'aiment, c'est sans doute la chose la plus difficile qui nous incombe, c'est une limite, c'est le critère et l'épreuve ultimes, la tâche en vue de laquelle toutes les autres ne sont que préparation. C'est pourquoi les jeunes, débutants en toutes choses, ne savent pas encore pratiquer l'amour : il faut qu'ils l'apprennent. De tout leur être, de toutes leurs forces concentrées dans leur cœur solitaire, inquiet, dont les battements résonnent, il faut qu'ils apprennent à aimer.

Lernzeit aber ist immer eine lange, abgeschlossene Zeit, und so ist Lieben für lange hinaus und weit ins Leben hinein — : Einsamkeit, gesteigertes und vertieftes Alleinsein für den, der liebt. Lieben ist zunächst nichts, was aufgehen, hingeben und sich mit einem Zweiten vereinen heißt (denn was wäre eine Vereinigung von Ungeklärtem und Unfertigem, noch Ungeordnetem —?), es ist ein erhabener Anlaß für den einzelnen, zu reifen, in sich etwas zu werden, Welt zu werden, Welt zu werden für sich um eines anderen willen, es ist ein großer, unbescheidener Anspruch an ihn, etwas, was ihn auserwählt und zu Weitem beruft. Nur in diesem Sinne, als Aufgabe, an sich zu arbeiten (›zu horchen und zu hämmern Tag und Nacht‹), dürften junge Menschen die Liebe, die ihnen gegeben wird, gebrauchen. Das Aufgehen und das Hingeben und alle Art der Gemeinsamkeit ist nicht für sie (die noch lange, lange sparen und sammeln müssen), ist das Endliche, ist vielleicht das, wofür Menschenleben jetzt noch kaum ausreichen.

Darin aber irren die jungen Menschen so oft und so schwer : daß sie (in deren Wesen es liegt, keine Geduld zu haben) sich einander hinwerfen, wenn die Liebe über sie kommt, sich ausstreuen, so wie sie sind in all ihrer Unaufgeräumtheit, Unordnung, Wirrnis… : Was aber soll dann sein? Was soll das Leben an diesem Haufen von Halbzerschlagenem tun, den sie ihre Gemeinsamkeit heißen und den sie gerne ihr Glück nennen möchten, ginge es an, und ihre Zukunft?

Mais le temps de l'apprentissage est toujours une longue période, une durée à part, c'est ainsi qu'aimer est, pour longtemps et loin dans la vie, solitude, isolement accru et approfondi pour celui qui aime. Aimer, tout d'abord, n'est rien qui puisse s'identifier au fait de se fondre, de se donner, de s'unir à une autre personne (que serait, en effet, une union entre deux êtres indéfinis, inachevés, encore chaotiques ?) ; c'est, pour l'individu, une extraordinaire occasion de mûrir, de se transformer au sein de soi, de devenir un monde, un monde en soi pour quelqu'un d'autre, c'est, pour lui, une grande et immodeste ambition, quelque chose qui le distingue et l'appelle vers le large. C'est en ce sens seulement, et considéré comme la tâche de travailler sur soi (« d'ausculter et de marteler nuit et jour [11] »), que l'amour peut être pratiqué par des jeunes gens auxquels il est accordé. La fusion, le don et toute forme de communauté ne sont pas pour eux (qui longtemps encore, longtemps doivent épargner et accumuler) ; c'est le but final, c'est sans doute ce pour quoi, aujourd'hui encore, des vies humaines suffisent à peine.

Or c'est en cela que si souvent les jeunes gens commettent cette si lourde erreur : ils se précipitent l'un vers l'autre (eux dont c'est la nature que de n'avoir aucune patience) lorsque l'amour les atteint, ils se répandent tels qu'ils sont, avec tout leur désordre, leur incohérence, leur confusion... Mais qu'en sera-t-il ?

Qu'importe à la vie cet amoncellement de demi-échecs qu'ils appellent leur union, et qu'ils voudraient bien appeler leur bonheur, si c'était possible, et leur avenir ?

*Da verliert jeder sich um des anderen willen und verliert den
anderen und viele andere, die noch kommen wollten. Und
verliert die Weiten und Möglichkeiten, tauscht das Nahen und
Fliehen leiser, ahnungsvoller Dinge gegen eine unfruchtbare
Ratlosigkeit, aus der nichts mehr kommen kann; nichts als ein
wenig Ekel, Enttäuschung und Armut und die Rettung in eine
der vielen Konventionen, die wie allgemeine Schutzhütten an
diesem gefährlichsten Wege in großer Zahl angebracht sind.
Kein Gebiet menschlichen Erlebens ist so mit Konventionen
versehen wie dieses: Rettungsgürtel der verschiedensten Erfin-
dung, Boote und Schwimmblasen sind da; Zuflüchte in jeder
Art hat die gesellschaftliche Auffassung zu schaffen gewußt,
denn da sie geneigt war, das Liebesleben, als ein Vergnügen zu
nehmen, mußte sie es auch leicht ausgestalten, billig, gefahrlos
und sicher, wie öffentliche Vergnügungen sind.*

*Zwar fühlen viele junge Menschen, die falsch, d.h. einfach
hingebend und uneinsam lieben (der Durchschnitt wird ja
immer dabei bleiben —), das Drückende einer Verfehlung und
wollen auch den Zustand, in den sie geraten sind, auf ihre
eigene, persönliche Art lebensfähig und fruchtbar machen —;
denn ihre Natur sagt ihnen, daß die Fragen der Liebe, weniger
noch als alles, was sonst wichtig ist, öffentlich und nach dem
und jenem Übereinkommen gelöst werden können; daß es
Fragen sind, nahe Fragen von Mensch zu Mensch, die einer in
jedem Fall neuen, besonderen, nur persönlichen Antwort
bedürfen —:*

Chacun se perd alors soi-même pour l'amour de l'autre, perd l'autre et bien d'autres encore qui eussent voulu se présenter. Et chacun s'aliène les grands espaces et les virtualités, échange l'approche et la fuite des choses silencieuses et riches d'intuitions pour un stérile désarroi d'où plus rien ne procédera, rien, sinon un peu de dégoût, de déception, d'indigence, ainsi que le refuge cherché dans l'une des multiples conventions qui ont été installées en grand nombre, tels des abris publics, le long de ces voies très dangereuses. Aucun domaine de l'expérience humaine n'est tant pourvu de conventions : on y trouve des gilets de sauvetage de toutes sortes, des canots et des bouées ; la structure sociale a su créer des échappatoires de tout genre puisque, inclinant à prendre la vie amoureuse pour un plaisir, il fallait bien qu'elle lui donne une forme frivole, ordinaire, dépourvue de risque et sûre, comme c'est le cas des divertissements publics.

Nombreux sont, en effet, les jeunes gens qui aiment de manière fausse, c'est-à-dire qui s'en tiennent au seul abandon et refusent la solitude (la majorité médiocre en restera d'ailleurs toujours là...), et qui ressentent le poids d'une faute, qui veulent aussi rendre fructueuse et vivable, à leur manière propre et personnelle, cette situation où ils se retrouvent ; en effet, leur nature leur dit bien que, moins encore que tout ce qui par ailleurs est important, les questions de l'amour ne peuvent être résolues de manière publique ni en obéissant à telle ou telle opinion majoritaire ; elle leur dit qu'il y a des questions, des questions d'ordre intime, d'homme à homme, qui requièrent chaque fois une réponse iné-dite, spéciale et strictement personnelle...

91

aber wie sollten sie, die sich schon zusammengeworfen haben und sich nicht mehr abgrenzen und unterscheiden, die also nichts Eigenes mehr besitzen, einen Ausweg aus sich selbst heraus, aus der Tiefe der schon verschütteten Einsamkeit finden können?

Sie handeln aus gemeinsamer Hilflosigkeit, und sie geraten, wenn sie dann, besten Willens, die Konvention, die ihnen auffällt (etwa die Ehe), vermeiden wollen, in die Fangarme einer weniger lauten, aber ebenso tödlichen konventionellen Lösung; denn da ist dann alles, weithin um sie — Konvention; da, wo aus einer früh zusammengeflossenen, trüben Gemeinsamkeit gehandelt wird, ist jede *Handlung konventionell: jedes Verhältnis, zu dem solche Verwirrung führt, hat seine Konvention, mag es auch noch so ungebräuchlich (d.h. im gewöhnlichen Sinn unmoralisch) sein; ja, sogar Trennung wäre da ein konventioneller Schritt, ein unpersönlicher Zufallsentschluß ohne Kraft und ohne Frucht.*

Wer ernst hinsieht, findet, daß, wie für den Tod, der schwer ist, auch für die schwere Liebe noch keine Aufklärung, keine Lösung, weder Wink noch Weg erkannt worden ist; und es wird für diese beiden Aufgaben, die wir verhüllt tragen und weitergeben, ohne sie aufzutun, keine gemeinsame, in Vereinbarung beruhende Regel sich erforschen lassen. Aber in demselben Maße, in dem wir beginnen, als einzelne das Leben zu versuchen, werden diese großen Dinge uns, den einzelnen, in größerer Nähe begegnen.

Mais comment eux, qui se sont déjà jetés l'un dans les bras de l'autre, au point qu'ils ne savent plus où sont leurs limites ni ne se distinguent plus eux-mêmes, qui ne possèdent donc plus rien en propre, comment trouveraient-ils une voie qui leur permît d'échapper à eux-mêmes, à la profondeur de leur solitude déjà comblée ?

Ils agissent d'un commun désarroi, et, lorsqu'ils veulent éviter, avec les meilleures intentions, les conventions qu'ils rencontrent (le mariage, par exemple), ils succombent aux tentacules d'une solution moins évidemment conventionnelle, mais tout aussi mortellement conformiste, car tout est convention autour d'eux, et largement. En effet, tout ce qui est accompli à partir de ces troubles unions fondées sur une précoce fusion est conventionnel : toute relation, sur quoi débouche cette confusion, est convention, quelque insolite qu'elle puisse être (c'est-à-dire immorale au sens ordinaire). Même la rupture serait alors une démarche conventionnelle, une décision arbitraire et impersonnelle, sans force ni fécondité.

Un regard objectif constatera que, de même que pour la mort qui est difficile, il n'existe pas non plus pour l'amour, difficile, d'élucidation, de solution, ni signe ni chemin qui ait déjà été frayé ; et pour ces deux finalités que nous recelons et transmettons sans les expliquer, on ne peut découvrir aucune règle qui leur fût commune et qui reposât sur un accord. Mais dans la même mesure où nous commençons, en tant qu'individus, à tenter de vivre, ces grandes choses vont se rapprocher bien davantage de chacun de nous.

Die Ansprüche, welche die schwere Arbeit der Liebe an unsere Entwicklung stellt, sind überlebensgroß, und wir sind ihnen, als Anfänger, nicht gewachsen. Wenn wir aber doch aushalten und diese Liebe auf uns nehmen als Last und Lehrzeit, statt uns zu verlieren an all das leichte und leichtsinnige Spiel, hinter dem die Menschen sich vor dem ernstesten Ernst ihres Daseins verborgen haben, — so wird ein kleiner Fortschritt und eine Erleichterung denen, die lange nach uns kommen, vielleicht fühlbar sein; das wäre viel.

Wir kommen ja doch eben erst dazu, das Verhältnis eines einzelnen Menschen zu einem zweiten einzelnen vorurteilslos und sachlich zu betrachten, und unsere Versuche, solche Beziehung zu leben, haben kein Vorbild vor sich. Und doch ist in dem Wandel der Zeit schon manches, das unserer zaghaften Anfängerschaft helfen will.

Das Mädchen und die Frau, in ihrer neuen, eigenen Entfaltung, werden nur vorübergehend Nachahmer männlicher Unart und Art und Wiederholer männlicher Berufe sein. Nach der Unsicherheit solcher Übergänge wird sich zeigen, daß die Frauen durch die Fülle und den Wechsel jener (oft lächerlichen) Verkleidungen nur gegangen sind, um ihr eigenstes Wesen von den entstellenden Einflüssen des anderen Geschlechts zu reinigen. Die Frauen, in denen unmittelbarer, fruchtbarer und vertrauensvoller das Leben verweilt und wohnt, müssen ja im Grunde reifere Menschen geworden sein, menschlichere Menschen als der leichte, durch die Schwere keiner leiblichen Frucht unter die Oberfläche des Lebens herabgezogene Mann, der, dünkelhaft und hastig, unterschätzt,

Les exigences imposées à notre développement par le difficile travail de l'amour dépassent les bornes de la vie, et, débutants, nous ne sommes pas à leur hauteur. Si toutefois nous tenons bon, et si nous assumons cet amour comme une charge et un apprentissage, au lieu de nous perdre dans tout ce qui est jeu frivole et facile — derrière lequel les hommes se dissimulent la gravité la plus profonde de leur existence — , ceux qui viendront longtemps après nous ressentiront peut-être un soulagement et quelque menu progrès — ce serait beaucoup.

Nous commençons à peine seulement à considérer sans préjugé, objectivement, le rapport d'un individu à un autre, et nos tentatives de vivre une telle relation n'ont aucun modèle sous les yeux. Et pourtant, il y a, dans le cours du temps, déjà bien des choses qui aideraient nos débuts hésitants.

La jeune fille et la femme, dans leur actuel développement, n'imiteront qu'un temps les manies et les manières masculines, elles n'exerceront qu'un temps des professions qui redoublent celles des hommes. Une fois révolus les tâtonnements qui affectent ces périodes de transition, on verra bien que les femmes n'auront donné dans la foule de ces déguisements (souvent ridicules) et n'en auront changé qu'à seule fin de purifier leur être le plus spécifique des influences déformantes de l'autre sexe. Il a bien fallu que les femmes, chez qui la vie séjourne et habite plus immédiatement, de manière plus féconde et plus confiante, soient devenues, au fond, des êtres plus mûrs, plus humains que ne l'est l'homme frivole, que le poids d'aucun fruit de chair n'entraîne sous la surface de la vie, l'homme hâtif et prétentieux,

was er zu lieben meint. Dieses in Schmerzen und Erniedrigungen ausgetragene Menschentum der Frau wird dann, wenn sie die Konventionen der Nur-Weiblichkeit in den Verwandlungen ihres äußeren Standes abgestreift haben wird, zutage treten, und die Männer, die es heute noch nicht kommen fühlen, werden davon überrascht und geschlagen werden. Eines Tages (wofür jetzt, zumal in den nordischen Ländern, schon zuverlässige Zeichen sprechen und leuchten), eines Tages wird das Mädchen da sein und die Frau, deren Name nicht mehr nur einen Gegensatz zum Männlichen bedeuten wird, sondern etwas für sich, etwas, wobei man keine Ergänzung und Grenze denkt, nur an Leben und Dasein — : der weibliche Mensch.

Dieser Fortschritt wird das Liebe-Erleben, das jetzt voll Irrung ist (sehr gegen den Willen der überholten Männer zunächst), verwandeln, von Grund aus verändern, zu einer Beziehung umbilden, die von Mensch zu Mensch gemeint ist, nicht mehr von Mann zu Weib. Und diese menschlichere Liebe (die unendlich rücksichtsvoll und leise, und gut und klar in Binden und Lösen sich vollziehen wird) wird jener ähneln, die wir ringend und mühsam vorbereiten, der Liebe, die darin besteht, daß zwei Einsamkeiten einander schützen, grenzen und grüßen.

Und das noch : Glauben Sie nicht, daß jene große Liebe, welche Ihnen, dem Knaben, einst auferlegt worden ist, verloren war ; können Sie sagen, ob damals nicht große und gute Wünsche in Ihnen gereift sind und Vorsätze, von denen Sie heute noch leben ?

qui sous-estime ce qu'il croit aimer. Cette humanité de la femme, portée à terme à travers souffrances et humiliations, verra le jour lorsqu'elle aura, dans les transformations de sa condition extérieure, aboli les conventions grevant le strictement féminin; et les hommes qui aujourd'hui ne le pressentent pas en seront surpris et frappés. Un jour (que des signes fiables indiquent déjà maintenant et laissent deviner, du moins dans les pays nordiques), un jour, la jeune fille existera et la femme, dont le nom ne signifiera plus seulement ce qui s'oppose au masculin, mais quelque chose qui vaut par soi, quelque chose qui n'induit pas à penser la moindre complémentarité ni aucune limite, mais seulement une vie et une existence : l'être humain féminin.

Ce progrès va modifier l'expérience de l'amour qui actuellement est pleine d'erreur (tout d'abord en s'opposant fortement à la volonté des hommes qui seront dépassés), la transformera fondamentalement, la convertira en une relation pensée comme un rapport d'être humain à être humain, et non plus d'homme à femme. Et cet amour plus humain (qui procédera avec infiniment plus d'égards et de douceur, bon et simple dans ce qu'il nouera ou défera) ressemblera à celui que nous préparons péniblement, non sans lutte, à cet amour qui consiste en ce que deux solitudes se protègent, se bornent et se rendent hommage.

Et ceci encore : ne croyez pas que ce grand amour qui, autrefois, lorsque vous étiez un jeune garçon, vous a été dévolu, ait été perdu ; pouvez-vous affirmer que, à l'époque, de grands et positifs désirs n'aient pas mûri en vous, des projets dont vous vivez aujourd'hui encore ?

Ich glaube, daß jene Liebe so stark und mächtig in Ihrer Erinnerung bleibt, weil sie Ihr erstes tiefes Alleinsein war und die erste innere Arbeit, die Sie an Ihrem Leben getan haben. — Alle guten Wünsche für Sie, lieber Herr Kappus!

Ihr

Rainer Maria Rilke

Je crois que cet amour demeure si fort et si puissant dans votre mémoire parce qu'il a été votre première solitude profonde, et le premier travail intime auquel vous ayez soumis votre propre vie.

Tous mes bons vœux, cher monsieur Kappus !

Votre

Rainer Maria Rilke

Borgeby gård, Flädie, Schweden, am 12. August 1904

Ich will wieder eine Weile zu Ihnen reden, lieber Herr Kappus, obwohl ich fast nichts sagen kann, was hilfreich ist, kaum etwas Nützliches. Sie haben viele und große Traurigkeiten gehabt, die vorübergingen. Und Sie sagen, daß auch dieses Vorübergehen schwer und verstimmend für Sie war. Aber, bitte, überlegen Sie, ob diese großen Traurigkeiten nicht vielmehr mitten durch Sie durchgegangen sind? Ob nicht vieles in Ihnen sich verwandelt hat, ob Sie nicht irgendwo, an irgendeiner Stelle Ihres Wesens sich verändert haben, während Sie traurig waren? Gefährlich und schlecht sind nur jene Traurigkeiten, die man unter die Leute trägt, um sie zu übertönen; wie Krankheiten, die oberflächlich und töricht behandelt werden, treten sie nur zurück und brechen nach einer kleinen Pause um so furchtbarer aus; und sammeln sich an im Innern und sind Leben, sind ungelebtes, verschmähtes, verlorenes Leben, an dem man sterben kann.

Borgeby Gård [12], Flädie, Suède, le 12 août 1904

Je tiens de nouveau à vous parler un instant, cher monsieur Kappus, bien que je ne puisse rien dire qui fût de quelque secours, et sois à peine en mesure d'écrire quelque chose d'utile. Vous avez eu de nombreuses et grandes tristesses qui sont passées. Et vous dites que même le fait qu'elles aient passé vous a été pénible et fut débilitant. Mais demandez-vous, je vous en prie, si ces grandes tristesses ne vous ont pas traversé plutôt qu'elles n'ont passé ? Si bien des choses en vous ne se sont pas transformées, si vous-même quelque part, en quelque endroit de votre être, vous n'avez pas changé tandis que vous étiez triste ? Seules sont dangereuses et mauvaises ces tristesses que l'on porte avec soi parmi les gens afin de couvrir leurs propos. Telles des maladies, traitées superficiellement et de manière aberrante, elles ne font que reculer pour faire d'autant plus irruption après une courte rémission ; et elles s'accumulent en vous, constituent une forme de vie non vécue, méprisée, gâchée, une forme de vie dont on peut mourir.

Wäre es uns möglich, weiter zu sehen, als unser Wissen reicht,
und noch ein wenig über die Vorwerke unseres Ahnens hinaus,
vielleicht würden wir dann unsere Traurigkeiten mit größerem
Vertrauen ertragen als unsere Freuden. Denn sie sind die
Augenblicke, da etwas Neues in uns eingetreten ist, etwas
Unbekanntes; unsere Gefühle verstummen in scheuer Befangen-
heit, alles in uns tritt zurück, es entsteht eine Stille, und das
Neue, das niemand kennt, steht mitten darin und schweigt.

Ich glaube, daß fast alle unsere Traurigkeiten Momente der
Spannung sind, die wir als Lähmung empfinden, weil wir
unsere befremdeten Gefühle nicht mehr leben hören. Weil wir
mit dem Fremden, das bei uns eingetreten ist, allein sind; weil
uns alles Vertraute und Gewohnte für einen Augenblick
fortgenommen ist; weil wir mitten in einem Übergang stehen,
wo wir nicht stehen bleiben können. Darum geht die Traurig-
keit auch vorüber: das Neue in uns, das Hinzugekommene, ist
in unser Herz eingetreten, ist in seine innerste Kammer
gegangen und ist auch dort nicht mehr, — ist schon im Blut.
Und wir erfahren nicht, was es war. Man könnte uns leicht
glauben machen, es sei nichts geschehen, und doch haben wir uns
verwandelt, wie ein Haus sich verwandelt, in welches ein Gast
eingetreten ist. Wir können nicht sagen, wer gekommen ist, wir
werden es vielleicht nie wissen, aber es sprechen viele Anzeichen
dafür, daß die Zukunft in solcher Weise in uns eintritt, um sich
in uns zu verwandeln, lange bevor sie geschieht. Und darum ist
es so wichtig, einsam und aufmerksam zu sein, wenn man
traurig ist:

S'il nous était possible de voir au-delà des limites où s'étend notre savoir, et encore un peu plus loin au-delà des contreforts de nos intuitions, peut-être alors supporterions-nous nos tristesses avec plus de confiance que nos joies. Elles sont, en effet, ces instants où quelque chose de nouveau a pénétré en nous, quelque chose d'inconnu ; nos sentiments font silence alors, obéissant à une gêne effarouchée, tout en nous se rétracte, le silence se fait, et ce qui est nouveau, que personne ne connaît, se tient là, au centre, et se tait.

Je crois que presque toutes nos tristesses sont des moments de tension que nous ressentons comme une paralysie car nous sommes désormais sourds à la vie de nos sentiments devenus étranges. Nous sommes seuls, en effet, face à cette étrangeté qui est entrée en nous ; car, pour un temps, tout ce qui nous est familier, tout ce qui est habituel nous est ravi ; nous sommes, en effet, au cœur d'une transition où nous ne savons pas nous fixer. C'est aussi la raison pour laquelle la tristesse est passagère : ce qui est nouveau en nous, l'adjuvant de ce que nous étions, est allé jusqu'à notre cœur, a pénétré son lieu le plus intime, mais n'y est pas non plus resté : il a déjà passé dans le sang. Et nous ne savons pas ce que c'était. Il serait facile de nous persuader qu'il ne s'est rien passé ; mais nous avons pourtant bien changé, comme change une maison où un hôte est entré. Nous sommes incapables de dire qui est entré, nous ne le saurons sans doute jamais, et pourtant bien des signes témoignent du fait que c'est ainsi que l'avenir pénètre en nous pour s'y modifier longtemps avant qu'il n'arrive lui-même. Voilà pourquoi il est si important d'être solitaire et attentif lorsqu'on est triste :

weil der scheinbar ereignislose und starre Augenblick, da unsere Zukunft uns betritt, dem Leben so viel näher steht als jener andere laute und zufällige Zeitpunkt, da sie uns, wie von außen her, geschieht. Je stiller, geduldiger und offener wir als Traurige sind, um so tiefer und um so unbeirrter geht das Neue in uns ein, um so besser erwerben wir es, um so mehr wird es unser Schicksal sein, und wir werden uns ihm, wenn es eines späteren Tages ›geschieht‹ (das heißt : aus uns heraus zu den anderen tritt), im Innersten verwandt und nahe fühlen. Und das ist nötig. Es ist nötig — und dahin wird nach und nach unsere Entwicklung gehen —, daß uns nichts Fremdes widerfahre, sondern nur das, was uns seit lange gehört. Man hat schon so viele Bewegungs-Begriffe umdenken müssen, man wird auch allmählich erkennen lernen, daß das, was wir Schicksal nennen, aus den Menschen heraustritt, nicht von außen her in sie hinein. Nur weil so viele ihre Schicksale, solange sie in ihnen lebten, nicht aufsaugten und in sich selbst verwandelten, erkannten sie nicht, was aus ihnen trat ; es war ihnen so fremd, daß sie, in ihrem wirren Schrecken, meinten, es müsse gerade jetzt in sie eingegangen sein, denn sie beschworen, vorher nie Ähnliches in sich gefunden zu haben. Wie man sich lange über die Bewegung der Sonne getäuscht hat, so täuscht man sich immer noch über die Bewegung des Kommenden. Die Zukunft steht fest, lieber Herr Kappus, wir aber bewegen uns im unendlichen Raume.

l'instant apparemment immobile où, semble-t-il, rien ne se passe, cet instant où l'avenir pénètre en nous est en effet beaucoup plus proche de la vie que cet autre moment arbitraire et patent où l'avenir nous arrive pour ainsi dire de l'extérieur. Plus nous sommes silencieux, patients et disponibles lorsque nous sommes tristes, et plus ce qui est nouveau pénétrera profondément et sûrement en nous, mieux nous le ferons nôtre ; il sera d'autant plus notre destin propre, et, plus tard, lorsqu'il se « produira » (c'est-à-dire lorsqu'il surgira de nous pour passer aux autres), nous nous sentirons profondément intimes et proches. Et c'est nécessaire. Il est nécessaire — et c'est vers cela que peu à peu doit tendre notre évolution — que nous ne nous heurtions à aucune expérience étrangère, mais que nous ne rencontrions que ce qui, depuis long-temps, nous appartient. Il a déjà fallu repenser tant de conceptions du mouvement qu'on saura peu à peu admettre que ce que nous appelons destin provient des hommes et ne vient pas de l'extérieur. C'est unique ment parce que nombre d'entre eux ne se sont pas imprégnés de leur destin quand il vivait en eux, ne l'ont pas transformé en ce qu'ils sont eux-mêmes, qu'ils n'ont pas su reconnaître ce qui provenait d'eux ; cela leur était si étranger que, dans leur crainte confuse, ils ont cru qu'il venait à l'instant de les atteindre car ils juraient n'avoir jamais auparavant rien trouvé de pareil en eux. De même qu'on s'est longtemps abusé à propos du mouvement du soleil, on continue encore de se tromper sur le mouvement de ce qui est à venir. L'avenir est fixe, cher monsieur Kappus, mais c'est nous qui nous déplaçons dans l'espace infini.

Wie sollten wir es nicht schwer haben?

Und wenn wir wieder von der Einsamkeit reden, so wird immer klarer, daß das im Grunde nichts ist, was man wählen oder lassen kann. Wir sind einsam. Man kann sich darüber täuschen und tun, als wäre es nicht so. Das ist alles. Wieviel besser ist es aber, einzusehen, daß wir es sind, ja geradezu, davon auszugehen. Da wird es freilich geschehen, daß wir schwindeln; denn alle Punkte, worauf unser Auge zu ruhen pflegte, werden uns fortgenommen, es gibt nichts Nahes mehr, und alles Ferne ist unendlich fern. Wer aus seiner Stube, fast ohne Vorbereitung und Übergang, auf die Höhe eines großen Gebirges gestellt würde, müßte Ähnliches fühlen: eine Unsicherheit ohnegleichen, ein Preisgegebensein an Namenloses würde ihn fast vernichten. Er würde vermeinen zu fallen oder sich hinausgeschleudert glauben in den Raum oder in tausend Stücke auseinandergesprengt: welche ungeheure Lüge müßte sein Gehirn erfinden, um den Zustand seiner Sinne einzuholen und aufzuklären. So verändern sich für den, der einsam wird, alle Entfernungen, alle Maße; von diesen Veränderungen gehen viele plötzlich vor sich, und wie bei jenem Mann auf dem Berggipfel entstehen dann ungewöhnliche Einbildungen und seltsame Empfindungen, die über alles Erträgliche hinauszuwachsen scheinen. Aber es ist notwendig, daß wir auch das erleben. Wir müssen unser Dasein so weit, als es irgend geht, annehmen; alles, auch das Unerhörte, muß darin möglich sein.

Comment cela ne nous serait-il pas pénible?

Et si nous en revenons à parler de la solitude, il sera toujours plus évident que ce n'est là, au fond, rien qu'on puisse choisir ou quitter. Nous *sommes* solitaires. On peut s'abuser à ce propos, et faire comme s'il n'en était pas ainsi. C'est tout. Mais il est bien préférable de comprendre que nous sommes solitaires, et, justement, de prendre cela pour point de départ. Il arrivera certainement que nous soyons pris de vertige puisque nous sont retirés tous les points sur lesquels notre œil s'était habitué à prendre repère ; plus rien n'est proche désormais, et tout ce qui est lointain est infiniment loin. Celui qui, presque sans préparation ni transition, est transporté d'une pièce familière au sommet d'une haute montagne devrait éprouver quelque chose d'analogue : un sentiment d'insécurité inouïe, le sentiment d'être livré à l'indicible l'anéantirait presque. Il s'imaginerait tomber, ou se croirait propulsé dans l'espace, dispersé en mille morceaux : quel mensonge extraordinaire son cerveau ne devrait-il pas inventer pour rattraper la situation de ses sens, et pour en rendre compte. C'est ainsi que se transforment pour qui devient solitaire toutes les distances, tous les critères. Beaucoup de ces transformations se produisent subitement, et elles ont pour conséquence de faire apparaître, comme chez cet homme soudain transporté au sommet d'une montagne, des représentations insolites et d'étranges sensations qui semblent se développer au-delà du supportable. Mais il est nécessaire que nous fassions aussi cette expérience-là. Il nous faut accepter notre existence aussi loin qu'elle peut aller ; tout et même l'inouï doit y être possible.

Das ist im Grunde der einzige Mut, den man von uns verlangt : mutig zu sein zu dem Seltsamsten, Wunderlichsten und Unaufklärbarsten, das uns begegnen kann. Daß die Menschen in diesem Sinne feige waren, hat dem Leben unendlichen Schaden getan; die Erlebnisse, die man ›Erscheinungen‹ nennt, die ganze sogenannte ›Geisterwelt‹, der Tod, alle diese uns so anverwandten Dinge, sind durch die tägliche Abwehr aus dem Leben so sehr hinausgedrängt worden, daß die Sinne, mit denen wir sie fassen könnten, verkümmert sind. Von Gott gar nicht zu reden. Aber die Angst vor dem Unaufklärbaren hat nicht allein das Dasein des einzelnen ärmer gemacht, auch die Beziehungen von Mensch zu Mensch sind durch sie beschränkt, gleichsam aus dem Flußbett unendlicher Möglichkeiten herausgehoben worden auf eine brache Uferstelle, der nichts geschieht. Denn es ist nicht die Trägheit allein, welche macht, daß die menschlichen Verhältnisse sich so unsäglich eintönig und unerneut von Fall zu Fall wiederholen, es ist die Scheu vor irgendeinem neuen, nicht absehbaren Erlebnis, dem man sich nicht gewachsen glaubt. Aber nur wer auf alles gefaßt ist, wer nichts, auch das Rätselhafteste nicht, ausschließt, wird die Beziehung zu einem anderen als etwas Lebendiges leben und wird selbst sein eigenes Dasein ausschöpfen. Denn wie wir dieses Dasein des einzelnen als einen größeren oder kleineren Raum denken, so zeigt sich, daß die meisten nur eine Ecke ihres Raumes kennen lernen, einen Fensterplatz, einen Streifen, auf dem sie auf und nieder gehen. So haben sie eine gewisse Sicherheit.

C'est au fond le seul courage qu'on exige de nous ; être courageux face à ce que nous pouvons rencontrer de plus insolite, de plus merveilleux, de plus inexplicable. Que les hommes aient, en ce sens-là, été lâches a infligé un dommage irréparable à la vie ; les expériences que l'on désigne sous le nom d' « apparitions », tout ce qu'on appelle le « monde des esprits », la mort, toutes ces choses qui nous sont si proches ont été à ce point en butte à une résistance quotidienne qui les a expulsées de la vie que les sens qui nous eussent permis de les appréhender se sont atrophiés. Sans parler du tout de Dieu. Or la peur de l'inexplicable n'a pas appauvri seulement l'existence de l'individu, elle a également restreint les relations entre les hommes, extraites en quelque sorte du fleuve des virtualités infinies pour être placées sur un coin de rive en friche où il ne se passe rien. Ce n'est pas, en effet, la paresse seule qui est responsable du fait que les rapports humains se répètent sans innovation et de manière si indiciblement monotone ; c'est plutôt la crainte d'une quelconque expérience inédite et imprévisible qu'on s'imagine ne pas être de taille à éprouver. Mais seul celui qui est prêt à tout, celui qui n'exclut rien, pas même ce qui est le plus énigmatique, vivra la relation à quelqu'un d'autre comme si elle était quelque chose de vivant, et y jettera même toute son existence. Car si nous nous représentons cette existence individuelle comme une pièce plus ou moins vaste, on constatera que la plupart n'ont appris à connaître qu'un recoin de leur espace, une place devant la fenêtre, un trajet où ils vont et viennent. Ainsi ont-ils le bénéfice d'une certaine sécurité.

Und doch ist jene gefahrvolle Unsicherheit so viel menschlicher, welche die Gefangenen in den Geschichten Poes drängt, die Formen ihrer fürchterlichen Kerker abzutasten und den unsäglichen Schrecken ihres Aufenthaltes nicht fremd zu sein. Wir aber sind nicht Gefangene. Nicht Fallen und Schlingen sind um uns aufgestellt, und es gibt nichts, was uns ängstigen oder quälen sollte. Wir sind ins Leben gesetzt, als in das Element, dem wir am meisten entsprechen, und wir sind überdies durch jahrtausendelange Anpassung diesem Leben so ähnlich geworden, daß wir, wenn wir stille halten, durch ein glückliches Mimikry von allem, was uns umgibt, kaum zu unterscheiden sind. Wir haben keinen Grund, gegen unsere Welt Mißtrauen zu haben, denn sie ist nicht gegen uns. Hat sie Schrecken, so sind es unsere Schrecken, hat sie Abgründe, so gehören diese Abgründe uns, sind Gefahren da, so müssen wir versuchen, sie zu lieben. Und wenn wir nur unser Leben nach jenem Grundsatz einrichten, der uns rät, daß wir uns immer an das Schwere halten müssen, so wird das, welches uns jetzt noch als das Fremdeste erscheint, unser Vertrautestes und Treuestes werden. Wie sollten wir jener alten Mythen vergessen können, die am Anfange aller Völker stehen, der Mythen von den Drachen, die sich im äußersten Augenblick in Prinzessinnen verwandeln; vielleicht sind alle Drachen unseres Lebens Prinzessinnen, die nur darauf warten, uns einmal schön und mutig zu sehen. Vielleicht ist alles Schreckliche im tiefsten Grunde das Hilflose, das von uns Hilfe will.

Et, pourtant, cette insécurité pleine de danger est combien plus humaine, qui pousse les prisonniers, dans les récits de Poe, à explorer en tâtonnant les formes de leurs effroyables cachots, et à ne pas vouloir esquiver les indicibles terreurs de leur séjour [13]. Mais nous ne sommes pas prisonniers. Ni piège ni chausse-trappe ne sont disposés autour de nous, et il n'y a rien qui soit destiné à nous angoisser ou nous torturer. Nous sommes situés dans la vie qui est l'élément auquel nous correspondons le mieux, et nous sommes, en outre, devenus semblables à cette vie grâce à une adaptation plurimillénaire, au point que, lorsque nous restons immobiles, nous sommes à peine discernables par rapport à tout ce qui nous environne en raison d'un curieux mimétisme. Nous n'avons aucune raison d'éprouver de la méfiance à l'égard de notre monde, car il n'est pas tourné contre nous. S'il recèle des peurs, ce sont *nos* peurs ; des abîmes, ils sont nôtres ; présente-t-il des dangers, nous devons tenter de les aimer. Et si seulement nous faisons en sorte que notre vie soit commandée par le principe qui nous enjoint de nous en tenir toujours à ce qui est difficile, ce qui nous semble encore être le plus étranger deviendra bientôt ce qui nous sera le plus familier et le plus cher. Comment pourrions-nous oublier ces vieux mythes qu'on trouve à l'origine de tous les peuples, les mythes où les dragons se transforment en princesse à l'instant crucial ; peut-être tous les dragons de notre vie sont-ils des princesses qui n'attendent que le moment de nous voir un jour beaux et courageux. Peut-être tout ce qui est effrayant est-il, au fond, ce qui est désemparé et qui requiert notre aide.

Da dürfen Sie, lieber Herr Kappus, nicht erschrecken, wenn eine Traurigkeit vor Ihnen sich aufhebt, so groß, wie Sie noch keine gesehen haben; wenn eine Unruhe, wie Licht und Wolkenschatten, über Ihre Hände geht und über all Ihr Tun. Sie müssen denken, daß etwas an Ihnen geschieht, daß das Leben Sie nicht vergessen hat, daß es Sie in der Hand hält; es wird Sie nicht fallen lassen. Warum wollen Sie irgendeine Beunruhigung, irgendein Weh, irgendeine Schwermut von Ihrem Leben ausschließen, da Sie doch nicht wissen, was diese Zustände an Ihnen arbeiten? Warum wollen Sie sich mit der Frage verfolgen, woher das alles kommen mag und wohin es will? Da Sie doch wissen, daß Sie in den Übergängen sind, und nichts so sehr wünschten, als sich zu verwandeln. Wenn etwas von Ihren Vorgängen krankhaft ist, so bedenken Sie doch, daß die Krankheit das Mittel ist, mit dem ein Organismus sich von Fremdem befreit; da muß man ihm nur helfen, krank zu sein, seine ganze Krankheit zu haben und auszubrechen, denn das ist sein Fortschritt. In Ihnen, lieber Herr Kappus, geschieht jetzt so viel; Sie müssen geduldig sein wie ein Kranker und zuversichtlich wie ein Genesender; denn vielleicht sind Sie beides. Und mehr: Sie sind auch der Arzt, der sich zu überwachen hat. Aber da gibt es in jeder Krankheit viele Tage, da der Arzt nichts tun kann als abwarten. Und das ist es, was Sie, soweit Sie Ihr Arzt sind, jetzt vor allem tun müssen.

Beobachten Sie sich nicht zu sehr. Ziehen Sie nicht zu schnelle Schlüsse aus dem, was Ihnen geschieht;

Vous ne pouvez donc, cher monsieur Kappus, vous effrayer de ce qu'une tristesse surgît devant vous, à ce point considérable que vous n'en ayez pas encore vu de semblable; pas plus lorsqu'une inquiétude traverse tous vos agissements et passe sur vos mains comme une alternance de lumière et de nuages. Vous devez alors penser que quelque chose se produit en vous, que la vie ne vous a pas oublié, qu'elle vous tient en main et ne vous laissera pas tomber. Pourquoi voudriez-vous exclure de votre vie une quelconque inquiétude, une quelconque souffrance, une quelconque mélancolie alors que vous ignorez pourtant ce que produisent en vous ces états? Pourquoi vouloir vous persécuter avec la question de savoir d'où provient tout cela, où tout cela vous mène-t-il? Puisque vous savez que vous êtes en pleine transition, et que vous ne désirez rien tant que vous transformer. Si quelque processus en vous est morbide, songez alors que la maladie est le moyen par lequel un organisme se débarrasse de ce qui lui est étranger; il faut, dans ce cas, simplement l'aider à être malade, à faire en sorte que sa maladie se déclare et se développe tout à fait, car c'est ainsi qu'il progresse. En vous, cher monsieur Kappus, il se passe actuellement tant de choses; soyez patient comme un malade, et confiant comme un convalescent, car peut-être êtes-vous l'un et l'autre. Et davantage : vous êtes aussi le médecin qui doit veiller sur lui-même. Or il y a, dans toute maladie, bien des jours où le médecin ne peut rien faire qu'attendre. Et voilà ce que, pour l'essentiel et dans la mesure où vous êtes votre propre médecin, vous devriez faire maintenant.

Ne vous examinez pas trop. Ne tirez pas de trop hâtives conclusions de ce qui vous arrive;

lassen Sie es sich einfach geschehen. Sie kommen sonst zu leicht dazu, mit Vorwürfen (das heißt : moralisch) auf Ihre Vergangenheit zu schauen, die natürlich an allem, was Ihnen jetzt begegnet, mitbeteiligt ist. Was aus den Irrungen, Wünschen und Sehnsüchten Ihrer Knabenzeit in Ihnen wirkt, ist aber nicht das, was Sie erinnern und verurteilen. Die außergewöhnlichen Verhältnisse einer einsamen und hilflosen Kindheit sind so schwer, so kompliziert, so vielen Einflüssen preisgegeben und zugleich so ausgelöst aus allen wirklichen Lebenszusammenhängen, daß, wo ein Laster in sie eintritt, man es nicht ohne weiteres Laster nennen darf. Man muß überhaupt mit den Namen so vorsichtig sein ; es ist so oft der Name eines Verbrechens, an dem ein Leben zerbricht, nicht die namenlose und persönliche Handlung selbst, die vielleicht eine ganz bestimmte Notwendigkeit dieses Lebens war und von ihm ohne Mühe aufgenommen werden könnte. Und der Kraft-Verbrauch scheint Ihnen nur deshalb so groß, weil Sie den Sieg überschätzen ; nicht er ist das ›Große‹, das Sie meinen geleistet zu haben, obwohl Sie recht haben mit Ihrem Gefühl ; das Große ist, daß schon etwas da war, was Sie an Stelle jenes Betruges setzen durften, etwas Wahres und Wirkliches. Ohne dieses wäre auch Ihr Sieg nur eine moralische Reaktion gewesen, ohne weite Bedeutung, so aber ist er ein Abschnitt Ihres Lebens geworden. Ihres Lebens, lieber Herr Kappus, an das ich mit so vielen Wünschen denke.

laissez-le tout simplement se produire. Autrement, vous en viendrez trop facilement à jeter un regard plein de reproches (c'est-à-dire un regard moral) sur votre passé qui, naturellement, prend part à tout ce qui maintenant vous arrive. Les influences que vous subissez de vos errements, de vos désirs et de vos aspirations de jeune garçon, ne sont cependant pas ce dont vous vous souvenez et que vous condamnez. La condition inhabituelle propre à une enfance solitaire et abandonnée à elle-même est trop difficile, trop complexe, exposée à trop d'influences et en même temps si coupée de tous les liens effectifs de la vie, que lorsque y surgit un vice, il faut se garder de le désigner *a priori* comme tel. Il est nécessaire d'être en général aussi prudent avec les mots ; c'est si souvent à cause du *nom* donné à un crime qu'une vie se brise, et non à cause de l'acte lui-même, individuel et sans nom, qui fut peut-être, dans cette vie, une nécessité tout à fait déterminée et qu'elle eût pu sans doute assumer sans peine. Et la dépense d'énergie vous semble trop importante simplement parce que vous surestimez la victoire ; ce n'est pas elle qui est la « grande chose » que vous croyez avoir accomplie bien que vous ayez raison d'éprouver un tel sentiment. Ce qui est « grand », c'est le fait qu'il y avait déjà là quelque chose que vous avez pu substituer à ce mensonge, quelque chose de vrai et de réel. Sans cela, votre victoire n'eût été qu'une réaction d'ordre moral sans grande envergure ; tandis qu'ainsi elle est devenue une portion de votre vie. Vie à laquelle, cher monsieur Kappus, je pense en formant tant de vœux.

Erinnern Sie sich, wie sich dieses Leben aus der Kindheit heraus nach den ›Großen‹ gesehnt hat? Ich sehe, wie es sich jetzt von den Großen fort nach den Größeren sehnt. Darum hört es nicht auf, schwer zu sein, aber darum wird es auch nicht aufhören zu wachsen.

Und wenn ich Ihnen noch eines sagen soll, so ist es dies : Glauben Sie nicht, daß der, *welcher Sie zu trösten versucht, mühelos unter den einfachen und stillen Worten lebt, die Ihnen manchmal wohltun. Sein Leben hat viel Mühsal und Traurigkeit und bleibt weit hinter Ihnen zurück. Wäre es aber anders, so hätte er jene Worte nie finden können.*

Ihr   Rainer Maria Rilke

Vous rappelez-vous à quel point cette vie a voulu sortir de l'enfance, aspirant aux « grandes choses » ? Je constate aujourd'hui que, à partir des grandes choses, elle continue d'aspirer aux plus grandes. C'est pourquoi elle ne cessera pas d'être difficile, mais c'est aussi pourquoi elle ne cessera de croître.

Et si j'ai encore une chose à vous dire, j'ajouterai ceci : ne croyez pas que celui qui cherche à vous réconforter vit sans difficulté parmi les mots simples et tranquilles qui, parfois, vous font du bien. Sa vie est pleine de peine et de tristesse, et reste très en deçà de la vôtre. S'il en était autrement, il n'eût jamais su trouver ces mots.

Votre

Rainer Maria Rilke

Furuborg, Jonsered, in Schweden, am 4. November 1904

Mein lieber Herr Kappus,

in dieser Zeit, die ohne Brief vergangen ist, war ich teils unterwegs, teils so beschäftigt, daß ich nicht schreiben konnte. Und auch heute fällt das Schreiben mir schwer, weil ich schon viele Briefe schreiben mußte, so daß meine Hand müde ist. Könnte ich diktieren, so würde ich Ihnen vieles sagen, so aber nehmen Sie nur wenige Worte für Ihren langen Brief.

Ich denke, lieber Herr Kappus, oft und mit so konzentrierten Wünschen an Sie, daß Ihnen das eigentlich irgendwie helfen müßte. Ob meine Briefe wirklich eine Hilfe sein können, daran zweifle ich oft. Sagen Sie nicht : Ja, sie sind es. Nehmen Sie sie ruhig auf und ohne vielen Dank, und lassen Sie uns abwarten, was kommen will.

Es nützt vielleicht nichts, daß ich nun auf Ihre einzelnen Worte eingehe ; denn was ich über Ihre Neigung zum Zweifel sagen könnte oder über Ihr Unvermögen, das äußere und innere Leben in Einklang zu bringen, oder über alles, was Sie sonst bedrängt — :

Mon cher Monsieur Kappus,

Durant cette période qui s'est écoulée sans lettre, j'ai été tantôt en voyage, tantôt si occupé que je n'ai pu écrire. Et même aujourd'hui, écrire me pèse car j'ai dû faire tant de lettres que ma main est lasse. Si je pouvais dicter je vous dirais bien des choses, mais acceptez donc ces quelques mots qui répondent à votre longue lettre.

Je pense si souvent à vous, cher monsieur Kappus, et les vœux que je forme alors sont si denses que cela devrait en fait vous être de quelque secours d'une manière ou d'une autre. Que mes lettres puissent effectivement être une aide, j'en doute fréquemment. Ne dites pas qu'elles le sont ; acceptez-les tranquillement et sans grande reconnaissance, et voyons ce qui adviendra.

Il est sans doute tout à fait inutile que je détaille maintenant chacun de vos propos, car ce que je pourrais dire à propos de votre penchant pour le doute ou bien sur votre incapacité à mettre à l'unisson votre vie intime et votre vie extérieure, voire sur tout ce qui vous oppresse,

119

es ist immer das, was ich schon gesagt habe : immer der Wunsch, Sie möchten Geduld genug in sich finden, zu ertragen, und Einfalt genug, zu glauben; Sie möchten mehr und mehr Vertrauen gewinnen zu dem, was schwer ist, und zu Ihrer Einsamkeit unter den anderen. Und im übrigen lassen Sie sich das Leben geschehen. Glauben Sie mir : das Leben hat recht, auf alle Fälle.

Und von den Gefühlen : Rein sind alle Gefühle, die Sie zusammenfassen und aufheben; unrein ist das Gefühl, das nur eine Seite Ihres Wesens erfaßt und Sie so verzerrt. Alles, was Sie angesichts Ihrer Kindheit denken können, ist gut. Alles, was mehr aus Ihnen macht, als Sie bisher in Ihren besten Stunden waren, ist recht. Jede Steigerung ist gut, wenn sie in Ihrem ganzen Blute ist, wenn sie nicht Rausch ist, nicht Trübe, sondern Freude, der man auf den Grund sieht. Verstehen Sie, was ich meine?

Und Ihr Zweifel kann eine gute Eigenschaft werden, wenn Sie ihn erziehen. Er muß wissend werden, er muß Kritik werden. Fragen Sie ihn, sooft er Ihnen etwas verderben will, weshalb etwas häßlich ist, verlangen Sie Beweise von ihm, prüfen Sie ihn, und Sie werden ihn vielleicht ratlos und verlegen, vielleicht auch aufbegehrend finden. Aber geben Sie nicht nach, fordern Sie Argumente und handeln Sie so, aufmerksam und konsequent, jedes einzelne Mal, und der Tag wird kommen, da er aus einem Zerstörer einer Ihrer besten Arbeiter werden wird, — vielleicht der klügste von allen, die an Ihrem Leben bauen.

ce n'est jamais autre chose que ce que j'ai déjà dit, c'est toujours le même vœu, à savoir que vous parveniez à trouver en vous assez de patience pour le supporter, et assez de simplicité pour être en mesure de croire ; que vous puissiez acquérir toujours plus de confiance à l'égard de ce qui est difficile, comme à l'égard de votre solitude parmi les autres. Et, pour le reste, laissez votre vie se dérouler. Croyez-moi, la vie a raison, dans tous les cas.

Et en ce qui concerne les sentiments : sont purs tous les sentiments qui vous saisissent et vous élèvent ; impur, le sentiment qui ne s'empare que d'un seul aspect de votre être et, ainsi, vous déchire. Tout ce que vous pouvez penser eu égard à votre enfance est bien. Tout ce qui fait de vous *plus* que ce que vous avez été jusque-là dans vos meilleurs moments est juste. Toute élévation est bonne lorsqu'elle parcourt *tout* votre sang, lorsqu'elle n'est point ivresse, lorsqu'elle n'est pas trouble mais joie de part en part transparente. Voyez-vous ce que je veux dire ?

Votre doute peut devenir une qualité profitable si vous l'*éduquez*. Il faut qu'il devienne *savant*, qu'il se mue en critique. Dès qu'il s'apprête à vous gâcher quelque chose, demandez pourquoi cette chose est *laide* ; exigez de lui des preuves, soumettez-le à examen, et vous le trouverez sans doute perplexe et embarrassé, peut-être s'insurgera-t-il aussi. Mais ne cédez pas, exigez qu'il fournisse ses raisons, et ne manquez pas d'agir en toute circonstance en faisant ainsi preuve de vigilance et de rigueur ; le jour viendra où, de destructeur il sera devenu l'un de vos meilleurs artisans — peut-être le plus malin de tous ceux qui construisent votre vie.

Das ist alles, lieber Herr Kappus, was ich Ihnen heute zu sagen vermag. Aber ich sende Ihnen zugleich den Separatdruck einer kleinen Dichtung, die jetzt in der Prager ›Deutschen Arbeit‹ erschienen ist. Dort rede ich weiter zu Ihnen vom Leben und vom Tode und davon, daß beides groß und herrlich ist.

Ihr

Rainer Maria Rilke

C'est tout ce que je suis aujourd'hui capable de vous dire, cher monsieur Kappus. Mais je vous envoie en même temps le tiré-à-part d'un petit poème [15] qui vient de paraître dans la revue pragoise *Deutsche Arbeit*. Je continue à vous y parler de la vie et de la mort, et du fait que l'une et l'autre sont grandes et magnifiques.

Votre

Rainer Maria Rilke

Paris, am zweiten Weihnachtstage 1908

Sie sollen wissen, lieber Herr Kappus, wie froh ich war, diesen schönen Brief von Ihnen zu haben. Die Nachrichten, die Sie mir geben, wirklich und aussprechbar, wie sie nun wieder sind, scheinen mir gut, und je länger ichs bedachte, desto mehr empfand ich sie als tatsächlich gute. Dieses wollte ich Ihnen eigentlich zum Weihnachtsabend schreiben; aber über der Arbeit, in der ich diesen Winter vielfach und ununterbrochen lebe, ist das alte Fest so schnell herangekommen, daß ich kaum mehr Zeit hatte, die nötigsten Besorgungen zu machen, viel weniger zu schreiben.

Aber gedacht hab ich an Sie in diesen Festtagen oft und mir vorgestellt, wie still Sie sein müssen in Ihrem einsamen Fort zwischen den leeren Bergen, über die sich jene großen südlichen Winde stürzen, als wollten sie sie in großen Stücken verschlingen.

Die Stille muß immens sein, in der solche Geräusche und Bewegungen Raum haben, und wenn man denkt, daß zu allem noch des entfernten Meeres Gegenwart hinzukommt und mittönt,

Il faut que vous sachiez, cher monsieur Kappus, à quel point j'ai été heureux de recevoir cette belle lettre de vous. Les nouvelles que vous me donnez, de manière positive et explicite, telles qu'elles sont de nouveau, me semblent bonnes, et plus j'y réfléchis plus je les perçois comme étant effectivement bonnes. C'est cela que je voulais en réalité vous écrire pour la veille de Noël, mais avec le travail multiple et interrompu au sein duquel je vis cet hiver la vieille fête est arrivée si vite que c'est à peine si j'ai eu le temps de faire les préparatifs les plus indispensables, encore moins ai-je eu le temps d'écrire.

Mais j'ai souvent pensé à vous durant ces jours de fête, et j'imaginais à quel point vous étiez obligé d'être silencieux dans votre fort solitaire parmi les montagnes vides où se ruent ces grands vents du sud comme s'ils voulaient les engloutir par pans entiers.

Il faut qu'il soit immense le silence qui offre le cadre où ont lieu de tels vacarmes et de tels mouvements, et si l'on songe que, à tout cela vient s'ajouter et consonner la présence de la mer lointaine,

vielleicht als der innerste Ton in dieser vorhistorischen Harmo-
nie, so kann man Ihnen nur wünschen, daß Sie vertrauensvoll
und geduldig die großartige Einsamkeit an sich arbeiten lassen,
die nicht mehr aus Ihrem Leben wird zu streichen sein; die in
allem, was Ihnen zu erleben und zu tun bevorsteht, als ein
anonymer Einfluß fortgesetzt und leise entscheidend wirken
wird, etwa wie in uns Blut von Vorfahren sich unablässig
bewegt und sich mit unserm eigenen zu dem Einzigen, nicht
Wiederholbaren zusammensetzt, das wir an jeder Wendung
unseres Lebens sind.

Ja: ich freue mich, daß Sie diese feste, sagbare Existenz mit
sich haben, diesen Titel, diese Uniform, diesen Dienst, alles
dieses Greifbare und Beschränkte, das in solchen Umgebungen
mit einer gleich isolierten nicht zahlreichen Mannschaft Ernst
und Notwendigkeit annimmt, über das Spielerische und Zeit-
hinbringende des militärischen Berufs hinaus eine wachsame
Verwendung bedeutet und eine selbständige Aufmerksamkeit
nicht nur zuläßt, sondern geradezu erzieht. Und daß wir in
Verhältnissen sind, die an uns arbeiten, die uns vor große
natürliche Dinge stellen von Zeit zu Zeit, das ist alles, was not
tut.

Auch die Kunst ist nur eine Art zu leben, und man kann sich,
irgendwie lebend, ohne es zu wissen, auf sie vorbereiten; in
jedem Wirklichen ist man ihr näher und benachbarter als in den
unwirklichen halbartistischen Berufen, die, indem sie eine
Kunstnähe vorspiegeln,

peut-être comme la sonorité la plus profonde au sein de cette harmonie préhistorique, on peut seulement souhaiter que vous laissiez, patiemment et en toute confiance, cette grandiose solitude accomplir en vous son travail, solitude qui ne pourra plus jamais être effacée de votre existence, et qui, dans tout ce que vous aurez à vivre et à réaliser, agira continûment et de manière discrètement décisive, telle une influence anonyme, un peu comme en nous le sang de nos ancêtres court sans cesse et se fond avec le nôtre pour produire un composé unique qui ne se répétera jamais, ce que nous sommes à chaque tournant de notre vie.

Oui, je me réjouis que cette existence stable et définie soit vôtre, avec ce grade, cet uniforme, ce service, tous ces aspects tangibles et délimités — qui revêtent, dans votre environnement et avec la troupe peu nombreuse et tout aussi isolée, nécessité et sérieux —, par-delà l'aspect ludique de la carrière militaire et outre le temps qu'on y perd, constituent un emploi vigilant qui non seulement requiert une attention autonome mais l'éduque précisément. Et que nous soyons dans des situations qui exercent en nous leur effet, qui de temps en temps nous placent devant de grandes choses naturelles, c'est tout ce dont nous avons besoin.

L'art lui aussi n'est qu'une manière de vivre et, quelle que soit la vie qu'on mène, il est possible sans le savoir de s'y préparer ; dans tout ce qui est réel, on en est plus proche et plus familier qu'en exerçant une de ces professions semi-artistiques et irréelles, qui, dans la mesure où elles reflètent une proximité d'avec l'art, et, en fait, nient et attaquent l'existence de tout art,

das Dasein aller Kunst praktisch leugnen und angreifen, wie etwa der ganze Journalismus es tut und fast alle Kritik und dreiviertel dessen, was Literatur heißt und heißen will. Ich freue mich, mit einem Wort, daß Sie die Gefahr, dahinein zu geraten, überstanden haben und irgendwo in einer rauhen Realität einsam und mutig sind. Möchte das Jahr, das bevorsteht, Sie darin erhalten und bestärken.

Immer Ihr

R. M. Rilke

ce que fait, par exemple, toute la profession journalistique, presque toute la critique, et les trois quarts de ce qu'on appelle littérature et qui revendique ce nom. Je me réjouis, en un mot, que vous ayez esquivé le danger de sombrer là-dedans, et que vous soyez solitaire et ferme, quelque part au sein d'une rude réalité. Puisse l'année qui vient vous y maintenir et vous y conforter.

Toujours vôtre,   *R. M. Rilke*

Le poète

ÜBER DEN DICHTER

Ein Mal, in einem schönen Gleichnis, ward mir das Verhältnis des Dichters im Bestehenden, sein »Sinn« vorgehalten. Das war auf der großen Segelbarke, mit der wir von der Insel Philae nach den ausgedehnten Stau-Anlagen hinüberfuhren. Es ging zuerst den Strom hinauf, die Ruderer mußten sich Mühe geben. Ich hatte sie alle gegen mir über, sechzehn, wenn ich mich recht entsinne, je vier in einer Reihe, immer zwei am rechten, zwei am linken Ruder. Gelegentlich begegnete man dem Blick des einen oder andern, meistens aber war in ihren Augen kein Schauen, sie standen offen in die Luft, oder sie waren eben nur die Stellen, wo das heiße Innere dieser Burschen, um das die metallischen Körper sich spannten, frei lag. Zuweilen, aufschauend, überraschte man dennoch einen, der in voller Nachdenklichkeit über einem brütete, als stellte er sich Situationen vor, in denen diese fremde verkleidete Erscheinung sich ihm enträtseln könnte; entdeckt, verlor er fast sofort den mühsam vertieften Ausdruck, war einen Moment mit allen Gefühlen im Schwanken,

LE POÈTE[17]

Un jour, une belle comparaison m'offrit l'occasion de comprendre le rapport du poète au monde, son « sens ». C'était à bord d'une grande barque sur laquelle nous passions de l'île de Philae vers les vastes installations du barrage. On fit d'abord amont sur le fleuve ; les rameurs durent se donner du mal. Ils me faisaient tous face, seize, si je me souviens bien, par rangs de quatre, deux sur chaque aviron, à bâbord comme à tribord. Parfois, on croisait les yeux de l'un ou l'autre, mais la plupart du temps ils étaient sans regard, ils étaient ouverts sur le vide, ou n'étaient justement que les ouvertures vers l'intériorité brûlante de ces garçons autour de quoi se tendaient les parois de leurs corps métalliques. Parfois, en levant les yeux, on pouvait quand même surprendre un regard, tout pensivement songeur et posé sur l'un de nous, comme s'il imaginait des situations où cette étrange figure déguisée eût cessé d'être une énigme pour lui ; découvert, ce regard perdait presque aussitôt son expression laborieusement approfondie, hésitait un instant parmi tous les sentiments,

sammelte sich so rasch es ging in einem wachsamen Tierblick, bis der schöne Ernst seines Gesichts gewohnheitsmäßig in das albere Bakschischgesicht überging und in die törichte Bereitschaft, sich zum Dank nach Belieben zu entstellen und herabzusetzen. Doch ging mit dieser Erniedrigung, die die Reisenden seit lange auf dem Gewissen haben, meistens auch schon die dazu gehörige Rache vor sich, indem er selten unterließ, über den Fremden fort einen Blick bösen Hasses hinüberzuheben, der aufleuchtete von einem Einverständnis, das er jenseits mußte gefunden haben. Ich hatte den Alten schon mehrere Male beobachtet, der dort, auf dem Schiffshinterteil, hockte. Seine Hände und Füße waren aufs vertraulichste nebeneinander gekommen, und zwischen ihnen ging, gelenkt und aufgehalten, die Stange des Steuers hin und her und hatte Bewandtnis. Der Körper, in dem zerfetzten schmutzigen Kleide, war nicht der Rede wert, das Gesicht unter dem verkommenen Turbantuch in sich zusammengeschoben wie die Stücke eines Fernrohrs, so flach, daß die Augen davon zu triefen schienen. Gott weiß, was in ihm steckte, er sah aus, als könnte er einen in etwas Widerwärtiges verwandeln; ich hätte ihn gern genau ins Auge gefaßt, aber wenn ich mich umdrehte, hatte ich ihn so nah wie mein eigenes Ohr, und es war mir zu auffallend, ihn aus solcher Nähe zu untersuchen. Auch war das Schauspiel des breit auf uns zukommenden Flusses, der schöne, gleichsam fortwährend zukünftige Raum, in den wir uns eindrängten, der ununterbrochenen Aufmerksamkeit so würdig und wohltuend, daß ich den Alten aufgab und dafür mit immer mehr Freude die Bewegungen der Knaben zu sehen lernte, die bei aller Heftigkeit und Anstrengung nicht an Ordnung verloren.

se ramassait aussi vite que possible en un vigilant regard animal jusqu'à ce que la belle gravité de son visage redevînt l'expression stupide et convenue de celui qui attend le bakchich, et l'imbécile aptitude à grimacer comme à s'avilir, sur commande, pour remercier. Mais cette humiliation, que les voyageurs ont depuis longtemps sur la conscience, n'allait pas le plus souvent sans vengeance, puisqu'il manquait rarement de lancer vers l'étranger un mauvais regard de haine brillant d'une complicité qu'il ne pouvait avoir rencontrée que de l'autre côté. J'avais plusieurs fois observé le vieillard qui était accroupi sur la poupe. Ses mains et ses pieds étaient ramenés les uns les autres le plus près possible, et entre eux, dirigée et maintenue, jouait à sa guise la barre du gouvernail. Le corps, dans son vêtement sale et déchiré, ne valait pas qu'on en parle ; le regard, sous le turban de toile élimée, replié sur soi comme les parties d'une longue-vue, était si plat que les yeux semblaient en dégouliner. Dieu sait ce qui l'habitait ; il avait l'air de pouvoir transformer quelqu'un en un monstre répugnant ; j'eusse volontiers sondé son regard, mais comme je me retournai, il était aussi proche de moi que ma propre oreille et il était trop voyant de l'examiner de si près. En outre, le spectacle du fleuve qui descendait largement à notre rencontre, le bel espace, sans cesse à venir en quelque sorte, où nous pénétrions, était si digne d'une attention ininterrompue, si apaisant que j'abandonnai le vieillard pour attacher mes regards avec d'autant plus de joie aux gestes des garçons qui ne perdaient rien de leur régularité malgré leur fougue et leur effort.

Das Rudern war nun so gewaltig, daß die Knaben an den Enden der mächtigen Ruderstangen sich jedesmal im Ausholen ganz von den Sitzen abhoben und sich, ein Bein gegen die Vorderbank gestemmt, stark zurückwarfen, während die acht Ruderblätter sich unten in der Strömung durchsetzten. Dabei stießen sie eine Art Zählung aus, um im Takt zu bleiben, aber immer wieder nahm ihre Leistung sie so in Anspruch, daß keine Stimme übrig blieb; manchmal mußte so eine Pause einfach überstanden werden, zuweilen aber fügte es sich so, daß ein nicht abzusehender Eingriff, den wir alle auf das Besonderste empfanden, ihnen dann nicht nur rhythmisch zu Hülfe kam, sondern auch, wie man merken konnte, die Kräfte in ihnen gleichsam umwandte, so daß sie, erleichtert, neue, noch unverminderte Stellen Kraft in Gebrauch nahmen : ganz wie ein Kind, das sich hungrig über einen Apfel gemacht hat, strahlend von Neuem zu essen anfängt, wenn es entdeckt, daß die eine Seite, die es hielt, noch bis zur Schale ansteht.

Da kann ich ihn nun länger nicht verschweigen, den Mann, der gegen den rechten Rand zu vorne auf unserer Barke saß. Ich meinte schließlich, es vorzufühlen, wenn sein Gesang bevorstand, aber ich kann mich geirrt haben. Er sang aufeinmal auf, in durchaus unregelmäßigen Abständen und keineswegs immer, wenn die Erschöpfung um sich griff, im Gegenteil, es geschah mehr als ein Mal, daß sein Lied alle tüchtig fand oder geradezu übermütig, aber es war auch dann im Recht ; es paßte auch dann. Ich weiß nicht, wie weit sich ihm die Verfassung unserer Mannschaft mitteilte, das alles war hinter ihm,

136

La nage était si vive que les garçons qui se trouvaient aux extrémités des puissants avirons se levaient complètement de leur banc lorsqu'ils souquaient, et, une jambe arc-boutée sur le banc devant eux, se rejetaient fortement en arrière, tandis que les huit pales s'imposaient plus bas, dans le courant. En même temps, ils semblaient compter en criant pour rester en cadence ; mais leur effort était toujours si prenant qu'à chaque fois il les privait de toute voix ; il était nécessaire par moments de simplement surmonter cette pause, mais, de temps à autre, il arrivait qu'une intervention imprévisible, que nous ressentions tous de la manière la plus nette, non seulement leur vînt à l'aide pour maintenir le rythme, mais aussi, comme on put le remarquer, en quelque sorte convertît en eux leurs forces si bien que, soulagés, ils entamaient de nouvelles réserves de vigueur encore intactes : tout comme un enfant qui s'est jeté, affamé, sur une pomme, et qui, rayonnant, recommence à manger lorsqu'il s'est aperçu que le morceau qu'il tient est encore inentamé jusqu'à la peau.

Je ne puis continuer à passer sous silence l'homme assis contre le bordé, vers la proue de notre barque, à tribord. J'ai cru pressentir le moment où il se mettait à chanter, mais il est possible que je me sois trompé. Il se mettait soudain à chanter, à intervalles tout à fait irréguliers, et certainement pas chaque fois que l'épuisement gagnait autour de lui, au contraire, il arriva plus d'une fois que son chant trouvât les autres vaillants, voire pétulants, mais il était juste, là encore, et, là encore, adéquat. J'ignore jusqu'à quel point les dispositions de notre équipage lui parvenaient ; tout cela se passait dans son dos,

er sah selten zurück und ohne ihn bestimmenden Eindruck. Was auf ihn Einfluß zu haben schien, war die reine Bewegung, die in seinem Gefühl mit der offenen Ferne zusammentraf, an die er, halb entschlossen, halb melancholisch, hingegeben war. In ihm kam der Antrieb unseres Fahrzeugs und die Gewalt dessen, was uns entgegenging, fortwährend zum Ausgleich, — von Zeit zu Zeit sammelte sich ein Überschuß : dann sang er. Das Schiff bewältigte den Widerstand ; er aber, der Zauberer, verwandelte Das, was nicht zu bewältigen war, in eine Folge langer schwebender Töne, die weder hierhin noch dorthin gehörten, und die jeder für sich in Anspruch nahm. Während seine Umgebung sich immer wieder mit dem greifbaren Nächsten einließ und es überwand, unterhielt seine Stimme die Beziehung zum Weitesten, knüpfte uns daran an, bis es uns zog.

Ich weiß nicht wie es geschah, aber plötzlich begriff ich in dieser Erscheinung die Lage des Dichters, seinen Platz und seine Wirkung innerhalb der Zeit, und daß man ihm ruhig alle Stellen streitig machen dürfte außer dieser. Dort aber müßte man ihn dulden.

et il regardait rarement derrière lui, et sans qu'il en reçût une quelconque impression. Ce qui semblait l'influencer, c'était le pur mouvement qui coïncidait dans son sentiment avec le lointain ouvert auquel il s'était livré, à moitié résolu, pour moitié tristement. En lui s'équilibraient constamment l'élan de notre embarcation et la force de ce qui venait à notre rencontre — de temps à autre un excédent pesait : il chantait alors. La barque dominait la résistance ; mais lui, le magicien, transformait ce qui ne pouvait être dominé en une suite de longues sonorités flottantes qui n'étaient ni d'ici ni d'ailleurs, et que chacun prenait pour soi. Tandis que son entourage ne cessait de se commettre avec l'immédiateté tangible et de la maîtriser, sa voix entretenait un rapport avec le plus lointain, nous y accrochait jusqu'à ce qu'il nous attire.

Je ne sais pas comment cela s'est produit, mais, soudain, cette figure m'a fait comprendre la situation du poète, la place qui est la sienne et l'influence qu'il exerce dans le temps ; j'ai compris aussi qu'on pouvait bien lui contester toutes les positions hormis celle-là. Mais il fallait alors qu'on l'y tolère.

Le jeune poète

ÜBER DEN JUNGEN DICHTER

*Immer noch zögernd, unter geliebten Erfahrungen überwie-
gende und geringere zu unterscheiden, bin ich auf ganz
vorläufige Mittel beschränkt, wenn ich das Wesen eines
Dichters zu beschreiben versuche : dieses ungeheuere und
kindliche Wesen, welches (man faßt es nicht : wie) nicht allein
in endgültigen großen Gestalten früher aufkam, nein, sich hier,
neben uns, in dem Knaben vielleicht, der den großen Blick hebt
und uns nicht sieht, gerade zusammenzieht, dieses Wesen, das
junge Herzen, in einer Zeit, da sie des geringfügigsten Lebens
noch unmächtig sind, überfällt, um sie mit Fähigkeiten und
Beziehungen zu erfüllen, die sofort über alles Erwerbbare eines
ganzen Daseins hinausgehn ; ja, wer wäre imstand von diesem
Wesen ruhig zu reden ? Wäre es noch an dem, daß es nicht mehr
vorkäme, daß wir es absehen dürften an den Gedichten Homers,
hinausgerückt, in seiner unwahrscheinlichen Erscheinung : wir
würden es allmählig in eine Fassung bringen,*

Anmerkung : *Für den Verfasser war die vielfach beglückende Beschäftigung mit
den Gedichten Franz Werfels gewissermaßen die Voraussetzung zu diesem Aufsatz.
Es sei daher auf Werfels beide Bände Gedichte* (Der Weltfreund *und* Wir sind)
an dieser Stelle hingewiesen. (R. M. R.)

LE JEUNE POÈTE[18]

Toujours hésitant, parmi des expériences chères, à distinguer les principales des moindres, j'en suis réduit à des moyens tout précaires si je cherche à décrire la nature d'un poète : cet être extraordinaire et enfantin qui ne s'est pas seulement manifesté (on ne sait comment) dans quelques grandes figures définitives du passé, non, mais qui là, à côté de nous, se ramasse précisément chez cet enfant peut-être qui lève son ample regard et ne nous voit pas, cette nature qui surprend de jeunes cœurs à un moment où ils sont encore inaptes à la vie la plus ordinaire, pour les combler de facultés et de correspondances qui d'emblée dépassent tout ce qu'une vie entière pourrait atteindre ; qui serait, en effet, en mesure de parler sereinement de cette nature ? Si, dans le fait qu'elle ne se manifestait plus, que nous ne puissions l'apercevoir que dans les poèmes d'Homère, elle était cantonnée à cette improbable manifestation, nous finirions par la comprendre,

Le commerce, à plus d'un titre heureux, avec les poèmes de Franz Werfel fut en quelque sorte, pour l'auteur du présent essai, un prétexte à l'écrire. Que ce soit donc une occasion de mentionner les deux volumes de poésies signés par Franz Werfel (*Der Weltfreund* et *Wir sind*) R.M.R.

wir würden ihm Namen geben und Verlauf, wie den anderen Dingen der Vorzeit; denn was anderes als Vorzeit bricht aus in den mit solchen Gewalten bestürzten Herzen. Hier unter uns, in dieser vielfältig heutigen Stadt, in jenem redlich beschäftigten Haus, unter dem Lärm der Fahrzeuge und Fabriken und während die Zeitungen ausgerufen werden, geräumige Blätter bis an den Rand voll Ereignis, ist plötzlich, wer weiß, alle Anstrengung, aller Eifer, alle Kraft überwogen durch den Auftritt der Titanen in einem unmündigen Innern. Nichts spricht dafür als die Kälte einer Knabenhand; nichts als ein erschrocken zurückgenommener Aufblick; nichts als die Teilnahmslosigkeit dieses jungen Menschen, der mit seinen Brüdern nicht spricht und, so bald es geht, von den Mahlzeiten aufsteht, die ihn viel zu lang dem Urteil seiner Familie ausstellen. Kaum daß er weiß, ob er noch zur Mutter gehört: so weit sind alle Maße seines Fühlens verschoben, seit dem Einbruch der Elemente in sein unendliches Herz.

O ihr Mütter der Dichter. Ihr Lieblingsplätze der Götter, in deren Schoß schon muß das Unerhörte verabredet worden sein. Hörtet ihr Stimmen in der Tiefe eurer Empfängnis, oder haben die Göttlichen sich nur mit Zeichen verständigt?

Ich weiß nicht, wie man das völlig Wunderbare einer Welt leugnen kann, in der die Zunahme des Berechneten die Vorräte dessen, was über jedes Absehn hinausgeht, noch gar nicht einmal angegriffen hat.

nous lui donnerions un nom et lui assignerions une histoire, comme aux autres choses du passé — car ce n'est pas autre chose que du passé qui fait irruption dans ces cœurs ébranlés par de telles puissances. Ici, parmi nous, dans cette ville actuelle par de multiples aspects, dans cette maison aux occupations bien ordonnées, parmi le vacarme des véhicules et des usines et tandis que les journaux sont vendus à la criée, larges feuilles remplies d'événements jusqu'à la marge, soudain, tout cet effort, ce zèle, cette énergie sont dépassés on ne sait comment par l'irruption des Titans au sein d'une subjectivité encore juvénile. Rien n'en témoigne sinon la froideur d'une main d'enfant, rien, sinon un regard effrayé qui se rétracte, rien, sinon l'attitude de retrait qu'adopte ce jeune être qui ne parle pas à ses frères, et qui, dès que possible, se lève de table, où les repas l'exposent trop longtemps au jugement de sa famille. C'est à peine s'il est conscient d'être encore dans l'orbite de sa mère, tant se sont élargies les mesures de son sentiment depuis l'irruption des éléments dans son cœur sans limite.

Ô vous, mères des poètes. Vous, lieux chéris des dieux ; il a bien fallu qu'en votre giron l'inouï ait été arrêté déjà. Avez-vous entendu des voix dans l'intimité de l'annonciation que vous avez vécue, ou bien les figures divines ne se sont-elles fait comprendre qu'à travers certains signes ?

Je ne sais comment on pourrait nier le caractère tout à fait merveilleux d'un monde où l'accroissement de ce qui est prévisible n'a pas même encore entamé les réserves de ce qui se situe au-delà de toute prévision.

Es ist wahr, die Götter haben keine Gelegenheit verschmäht,
uns bloßzustellen : sie ließen uns die großen Könige Ägyptens
aufdecken in ihren Grabkammern, und wir konnten sie sehen in
ihren natürlichen Verwesungen, wie ihnen nichts erspart geblie-
ben war. Alle die äußersten Leistungen jener Bauwerke und
Malereien haben zu nichts geführt ; hinter dem Qualm der
Balsamküchen ward kein Himmel erheitert, und der tönernen
Brote und Beischläferinnen hat sich kein unterweltlicher
Schwarm scheinbar bedient. Wer bedenkt, welche Fülle reinster
und gewaltigster Vorstellungen hier (und immer wieder) von
den unbegreiflichen Wesen, an die sie angewandt waren,
abgelehnt und verleugnet worden ist, wie möchte der nicht
zittern für unsere größere Zukunft. Aber bedenke er auch, was
das menschliche Herz wäre, wenn außerhalb seiner, draußen, an
irgend einem Platze der Welt Gewißheit entstünde ; letzte
Gewißheit. Wie es mit einem Schlage seine ganze in Jahrtau-
senden angewachsene Spannung verlöre, eine zwar immer noch
rühmliche Stelle bliebe, aber eine, von der man heimlich
erzählte, was sie vor Zeiten gewesen sei. Denn wahrlich, auch
die Größe der Götter hängt an ihrer Not : daran, daß sie, was
man ihnen auch für Gehäuse behüte, nirgends in Sicherheit sind,
als in unserem Herzen. Dorthin stürzen sie oft aus dem Schlaf
mit noch ungesonderten Plänen ; dort kommen sie ernst und
beratend zusammen ; dort wird ihr Beschluß unaufhaltsam.

Was wollen alle Enttäuschungen besagen, alle unbefriedigten
Grabstätten, alle entkernten Tempel, wenn hier, neben mir, in
einem auf einmal verfinsterten Jüngling Gott zur Besinnung
kommt.

Il est vrai que les dieux n'ont négligé aucune occasion de nous mettre à nu : ils nous ont fait découvrir les grands rois d'Égypte dans leurs chambres funéraires, et nous avons pu les voir dans leur décomposition naturelle, constater à quel point rien ne leur avait été épargné. Les sommets atteints dans leur art par leurs architectes et leurs peintres furent vains ; après les épaisses fumées des chambres d'embaumement, les cieux n'étaient pas plus sereins, aucune horde souterraine ne semble non plus avoir touché aux pains d'argile ni aux concubines ensevelies. Si l'on songe au nombre des idées les plus pures et les plus puissantes qui, là, comme toujours depuis, furent rejetées et reniées par ces êtres insaisissables à qui elles furent adressées, n'en tremblerait-on pas pour notre avenir plus vaste ? Mais que l'on réfléchisse aussi à ce qu'il adviendrait du cœur humain si, hors de lui, à l'extérieur, à n'importe quel endroit du monde, surgissait une certitude, une certitude ultime. Tout le suspens accumulé durant des millénaires disparaîtrait soudain, il subsisterait peut-être un lieu encore glorieux, mais ce serait un endroit dont on se raconterait en secret ce qu'il fut jadis. Car, en vérité, la grandeur des dieux tient elle aussi à leur détresse : à ceci que, quel que soit l'abri qu'on leur réserve, ils ne sont nulle part en sûreté sinon dans notre cœur. Ils y sont parfois précipités hors de leur sommeil avec des projets encore confus, ils s'y concertent gravement, et leur décision y devient irrévocable.

Q'importent toutes les déceptions, toutes les tombes insatisfaites, tous les temples devenus atones, si, là, à mes côtés, Dieu se manifeste chez un adolescent soudain sombre.

Seine Eltern sehen noch keine Zukunft für ihn, seine Lehrer glauben seiner Unlust auf der Spur zu sein, sein eigener Geist macht ihm die Welt ungenau, und sein Tod versucht schon immer an ihm, wo er am besten zu brechen sei : aber so groß ist die Unüberlegtheit des Himmlischen, daß es in dieses unverläß-liche Gefäß seine Ströme ergießt. Vor einer Stunde noch vermochte der flüchtigste Aufblick der Mutter dieses Wesen zu umfassen ; nun ermäße sie's nicht : und wenn sie Auferstehung und Engelsturz zusammennimmt.

*

Wie aber kann ein neues Geschöpf, das noch kaum seine eigenen Hände kennt, unerfahren in seiner Natur, Neuling in den gewöhnlichsten Wendungen seines Geistes, sich bei so unerhörter Anwesenheit einrichten ? Wie soll es, das doch offenbar bestimmt ist, später von der präzisesten Beschaffenheit zu sein, seine Ausbildung leisten, zwischen Drohungen und Verwöhnungen, die beide seine unvorbereiteten Kräfte, bis zum letzten Aufgebot, übersteigen ? Und nicht nur daß der Ausbruch der Größe in seinem Innern ihm die heroische Landschaft seines Gefühls fast ungangbar macht : in demselben Maße, als dort seine Natur überhand nimmt, gewahrt er, aufblickend, miß-trauische Fragen, bittre Forderungen und Neugier in den bisher in Sicherheit geliebten Gesichtern. Dürfte doch ein Knabe in solcher Lage immer noch fortgehn, hinaus, und ein Hirte sein.

Ses parents ne discernent encore aucun avenir pour lui, ses maîtres s'imaginent deviner les raisons de son inappétence, son propre esprit lui rend flou les contours du monde, et sa mort déjà cherche sans cesse où il se briserait le mieux : mais l'insouciance du divin est si grande qu'il déverse ses flots dans ce réceptacle peu fiable. Il y a une heure encore, le regard le plus fugitif de sa mère était capable d'embrasser cet être ; elle n'en a désormais plus la mesure, quand bien même elle ajouterait la chute de l'ange à la résurrection.

*

Mais comment une créature neuve — qui connaît encore à peine le pouvoir de ses propres mains, inexpérimentée quant à sa nature, novice face aux tournures les plus communes de son esprit — peut-elle s'accommoder d'une présence si insolite ? Comment accomplira-t-elle sa formation — elle qui est manifestement destinée à être, plus tard, de la plus précise complexion —, entre menaces et gâteries qui, les unes comme les autres, excèdent, même si elles se mobilisent toutes, ses forces prises au dépourvu ? Ce n'est pas seulement que l'irruption de la grandeur dans son intériorité lui rend presque impraticable le paysage héroïque de son sentiment, car, dans la même mesure que sa nature prend alors le dessus, il aperçoit, lorsqu'il lève les yeux, des interrogations méfiantes, d'amères exigences et de l'envie sur les visages naguère aimés en confiance. Un garçon dans cette situation ne pourrait-il jamais s'en aller, loin, se faire pâtre.

Dürfte er seine verwirrten inneren Gegenstände in langen sprachlosen Tagen und Nächten bereichern um den staunend erfahrenen Raum; dürfte er die gedrängten Bilder in seiner Seele gleichsetzen dem verbreiteten Gestirn. Ach, daß doch niemand ihm zuredete und niemand ihm widerspräche. Wollt ihr wirklich Diesen *beschäftigen, diesen maßlos in Anspruch Genommenen, dem, vor der Zeit, ein unerschöpfliches Wesen zu tun gibt?*

Kann man sich erklären, wie er besteht? Die ihn plötzlich bewohnende Macht findet Verkehr und Verwandtschaft bei seiner, noch in allen Winkeln des Herzens zögernden Kindheit; da zeigt es sich erst, nach was für ungeheueren Verhältnissen hin, dieser äußerlich so unzulängliche Zustand, innen offensteht. Der unverhältnismäßige Geist, der im Bewußtsein des Jünglings nicht Platz hat, schwebt da über einer entwickelten Unterwelt voller Freuden und Furchtbarkeiten. Aus ihr allein, absehend von der ganzen jenseitig-äußeren Kreatur, vermöchte er seine gewaltigen Absichten zu bestreiten. Aber da lockt es ihn auch schon, durch die rein leitenden Sinne des Ergriffenen mit der vorhandenen Welt zu verhandeln. Und wie er innen an das verborgen Mächtigste seinen Anschluß hat, so wird er im Sichtbaren schnell und genau von kleinen winkenden Anlässen bedient : widerspräche es doch der verschwiegenen Natur, in dem Verständigten das Bedeutende anders als unscheinbar aufzuregen.

Ne pourrait-il, durant de longues journées et de longues nuits sans parole, enrichir les objets confus qui l'occupent, au milieu d'un espace qu'il découvrirait avec étonnement ? Ne pourrait-il confronter les images comprimées de son âme à la vaste voûte étoilée ? Ah, que personne ne cherche à le persuader ni à le contredire. Voulez-vous vraiment donner une occupation à cet être-là qui est déjà requis sans mesure, à qui, avant l'heure, une nature inépuisable donne son ouvrage ?

Peut-on expliquer comment il persévère ? La force qui soudain l'habite trouve commerce et parenté du côté de son enfance encore hésitante dans tous les recoins de son cœur ; se révèle alors vers quel genre de formidables correspondances s'ouvre intérieurement cet état, extérieurement si déficient. L'esprit incomparable, qui n'est pas à sa place dans la conscience du jeune homme, plane ici au-dessus d'un monde achevé et souterrain plein de joies et de frayeurs. C'est en puisant dans cet arrière-monde seulement, en faisant abstraction de toute la création, extérieure à ce monde et au-delà de lui, qu'il serait en mesure de faire face à ses grandioses desseins. Mais il est déjà tenté de traiter avec le monde existant par le biais des sens purement conducteurs de celui qui est inspiré. De même qu'il est, intérieurement, en contact avec la force celée la plus puissante, il est servi, dans l'ordre du visible, vivement et précisément, par quelques occasions ténues qui lui font signe : cela ne contredirait-il pas la nature discrète que de susciter l'essentiel chez un esprit entendu de manière autre qu'inapparente ?

Wer die frühen Kleistischen Briefe liest, dem wird, in demselben Grade, als er diese in Gewittern sich aufklärende Erscheinung begreift, die Stelle nicht unwichtig sein, die von dem Gewölb eines gewissen Tores in Würzburg handelt, einem der zeitigsten Eindrücke, an dem, leise berührt, die schon gespannte Genialität sich nach außen schlägt. Irgend ein nachdenklicher Leser Stifters (um noch ein Beispiel vorzustellen) könnte es bei sich zur Vermutung bringen, daß diesem dichterischen Erzähler sein innerer Beruf in dem Augenblick unvermeidlich geworden sei, da er, eines unvergeßlichen Tages, zuerst durch ein Fernrohr einen äußerst entlegenen Punkt der Landschaft herbeizuziehen suchte und nun, in völlig bestürzter Vision, ein Flüchten von Räumen, von Wolken, von Gegenständen erfuhr, einen Schrecken von solchem Reichtum, daß in diesen Sekunden sein offen überraschtes Gemüt Welt empfing, wie die Danaë den ergossenen Zeus.

Es möchte am Ende jede dichterische Entschlossenheit an so nebensächlichen Anlässen unerwartet zu sich gekommen sein, nicht allein, da sie zum ersten Mal sich eines Temperamentes bemächtigte, sondern immer wieder, an jeder Wendung einer künstlerisch sich vollziehenden Natur.

Wer nennt euch alle, ihr Mitschuldigen der Begeisterung, die ihr nichts als Geräusche seid, oder Glocken, die aufhören, oder wunderlich neue Vogelstimmen im vernachlässigten Gehölz. Oder Glanz, den ein aufgehendes Fenster hinauswirft in den schwebenden Morgen; oder abstürzendes Wasser; oder Luft; oder Blicke. Zufällige Blicke Vorübergehender, Aufblicke von Frauen, die am Fenster nähen,

En lisant les premières lettres de Kleist [19], de même qu'on perçoit une éclaircie qui se fait jour au milieu des nuées d'orage, on saisira l'importance de ce passage où il est question de la voûte d'une certaine porte de Würzbourg comme une des impressions les plus précoces à l'occasion de quoi, à peine sollicitée, sa géniale originalité, déjà excitée, s'est manifestée. Un lecteur réfléchi de Stifter (pour donner un autre exemple [20]), pourrait supposer que ce conteur poète est devenu conscient du caractère inéluctable de sa vocation intime à l'instant où, jour inoubliable, cherchant d'abord à rapprocher grâce à une longue-vue un point fort éloigné du paysage, sa vision fut alors assaillie par une succession rapide d'espaces, de nuages, d'objets, il ressentit, face à une telle profusion, un effroi suscité par le fait que, en l'espace de quelques secondes, son sentiment manifestement surpris accueillait tout un monde, comme Danaé recevant Zeus partout répandu.

En fin de compte, toute résolution en matière de vocation poétique pourrait fort bien surgir à l'improviste de ces occasions contingentes, pas simplement lorsqu'elle s'empare pour la première fois d'un tempérament, mais sans cesse, à chacun des tournants d'une nature qui se réalise dans l'art.

Qui vous nommera tous, vous les responsables de l'inspiration, vous qui n'êtes rien que des bruits, soit des cloches qui cessent de sonner, ou des chants merveilleusement inouïs d'oiseaux dans le bois négligé. Ou bien l'éclat jeté dans l'aube hésitante par une fenêtre qui s'ouvre, ou de l'eau en cascade, ou de l'air, ou des regards. Regards croisés par hasard de passants inconnus, regards levés de femmes en train de coudre à leur fenêtre,

bis herunter zum unsäglich besorgten Umschaun hockender bemühter Hunde, so nahe am Ausdruck der Schulkinder. Welche Verabredung, Größe hervorzurufen, geht durch den kleinlichsten Alltag. Vorgänge, so gleichgültig, daß sie nicht imstande wären, das nachgiebigste Schicksal um ein Zehntausendstel zu verschieben —, siehe : hier winken sie, und die göttliche Zeile tritt über sie fort ins Ewige.

Gewiß wird der Dichter bei zunehmender Einsicht in seine grenzenlosen Aufgaben sich an das Größste anschließen ; es wird ihn, wo er es findet, entzücken oder demütigen, nach seiner Willkür. Aber das Zeichen zum Aufstand in seinem Herzen wird willig von einem Boten gegeben sein, der nicht weiß, was er tut. Undenkbar ist es für ihn, sich von vornherein nach dem Großen auszurichten, da er ja gerade bestimmt ist, an ihm, seinem allgegenwärtigen Ziele, auf noch unbeschreiblich eigenen Wegen herauszutreten. Und wie, eigentlich, sollte es ihm zuerst kenntlich geworden sein, da es in seiner ursprünglichen Umwelt vielleicht nur vermummt, sich verstellend oder verachtet vor-kam, gleich jenem Heiligen, im Zwischenraum unter der Treppe wohnend ? Läge es aber einmal vor ihm, offenkundig, in seiner sichern, auf uns nicht Rücksicht nehmenden Herrlichkeit, — müßte er dann nicht wie Petrarca vor den zahllosen Aussichten des erstiegenen Berges zurück in die Schluchten seiner Seele flüchten, die, ob er sie gleich nie erforschen wird, ihm doch unaussprechlich näher gehn als jene zur Not erfahrbare Fremde.

jusqu'au regard quêtant et indiciblement soucieux du chien assis et préoccupé, dont l'expression est si proche de celle des regards d'écoliers. Quelle connivence résolue à susciter la grandeur ne parcourt-elle pas le quotidien le plus discret. Événements si insignifiants qu'ils ne seraient pas même en mesure de modifier d'un dix-millième le destin le plus accommodant — voyez, c'est pourtant là qu'ils font signe, et le vers divin les dépasse et les prolonge jusque dans l'éternité.

Au fur et à mesure qu'il comprendra mieux ses tâches sans bornes, le poète, certainement, se rapprochera de ce qu'il y a de plus grand et qui, lorsqu'il le rencontrera, le ravira ou l'humiliera selon son caprice. Mais le signal de la rébellion dans son cœur sera donné docilement par un messager qui ignore ce qu'il fait. Il est impensable pour lui qu'il se règle d'emblée sur la grandeur puisqu'il est précisément destiné à s'avancer vers elle, son but permanent, par des voies dont la singularité est encore indéfinissable. Comment, à vrai dire, la grandeur lui serait-elle déjà familière alors que dans son premier environnement elle ne s'est sans doute manifestée que travestie, dissimulée ou méprisée, comme ce saint qui avait élu domicile sous un escalier [21] ? Et si jamais elle était une fois livrée à lui, sans rien qui la masque, dans sa splendeur assurée, qui ne tient nul compte de nous, ne lui faudrait-il pas alors, comme Pétrarque face aux vues innombrables qu'offre la montagne une fois gravie [22], trouver à nouveau refuge dans les gorges de son âme, qui, bien qu'il ne les explorera jamais complètement, lui importent infiniment plus que cette contrée étrangère, à peine perceptible.

Erschreckt im Innern durch das ferne Donnern des Gottes, von außen bestürzt durch ein unaufhaltsames Übermaß von Erscheinung, hat der gewaltig Behandelte eben nur Raum, auf dem Streifen zwischen beiden Welten dazustehn, bis ihm, aufeinmal, ein unbeteiligtes kleines Geschehn seinen ungeheueren Zustand mit Unschuld überflutet. Dieses ist der Augenblick, der in die Waage, auf deren einer Schale sein von unendlichen Verantwortungen überladenes Herz ruht, zu erhaben beruhigter Gleiche, das große Gedicht legt.

*

Das große Gedicht. Wie ich es sage, wird mir klar, daß ich es, bis vor Kurzem, als ein durchaus Seiendes hingenommen habe, es jedem Verdacht der Entstehung hochhin entziehend. Wäre mir selbst der Urheber dahinter hervorgetreten, ich wüßte mir doch die Kraft nicht vorzustellen, die soviel Schweigen auf ein Mal gebrochen hat. Wie die Erbauer der Kathedralen, Samenkörnern vergleichbar, sofort aufgegangen waren, ohne Rest, in Wachstum und Blüte, in dem schon wie von jeher gewesenen Dastehn ihrer, aus ihnen nicht mehr erklärlichen Werke : so sind mir die großen vergangenen und die gegenwärtigen Dichter rein unfaßlich geblieben, jeder einzelne ersetzt durch den Turm und die Glocke seines Herzes. Erst seit eine nächste, herauf und gleich ins Künftige drängende Jugend,

Effrayé, intérieurement, par le lointain tonnerre du dieu, assailli, extérieurement, par un perpétuel excès d'apparence, l'être ainsi maltraité n'aura précisément d'autre lieu que cette limite entre deux mondes, jusqu'à ce que, tout d'un coup, un petit fait neutre submerge d'innocence sa monstrueuse situation. C'est cet instant qui dépose dans la balance — sur l'un des plateaux de laquelle repose son cœur surchargé de responsabilités infinies —, et pour réaliser un équilibre suprêmement serein, le grand poème.

*

Le grand poème. Au moment où j'écris ces mots, il m'apparaît aussitôt que, jusqu'il y a un instant, j'ai admis qu'il existait sans solution de continuité, en le soustrayant complètement au moindre soupçon qu'il eût pu se former peu à peu. Et si son auteur avait surgi sous mes propres yeux, je n'en serais pas moins incapable de me représenter la force qui a pu rompre avec tant de silence d'*un seul* coup. Comme les bâtisseurs de cathédrales qui, tels des grains de semence, se sont aussitôt fondus sans reste dans la croissance et la floraison, dans l'édifice qui semblait exister depuis toujours, dans l'œuvre qui ne pouvait plus être ramenée à eux, de même, pour moi, les grands poètes du passé et du présent me sont demeurés absolument insaisissables, supplantés chacun par les flèches et les cloches bâties par leur cœur. C'est seulement depuis qu'une jeunesse neuve se dresse et se presse immédiatement vers le futur,

ihr eigenes Werden im Werden ihrer Gedichte nicht unbedeutend zur Geltung bringt, versucht mein Blick, neben der Leistung, die Verhältnisse des hervorbringenden Gemüts zu erkennen. Aber auch jetzt noch, da ich zugeben muß, daß Gedichte sich bilden, bin ich weit entfernt, sie für erfunden zu halten; vielmehr erscheint es mir, als ob in der Seele des dichterisch Ergriffenen eine geistige Prädisposition herausträte, die schon zwischen uns (wie ein unentdecktes Sternbild) gespannt war.

Betrachtet man, was an schöner Verwirklichung schon jetzt für einige von denjenigen einsteht, die ihr drittes Jahrzehnt kürzlich angetreten haben, so könnte man fast hoffen, sie würden in kurzem, alles, woran in den letzten dreißig Jahren unsere Bewunderung groß geworden ist, durch das Vollzieherische ihrer Arbeit zur Vorarbeit machen. Es müssen, das ist klar, die verschiedensten Umstände sich günstig verabreden, damit ein solches entschlossenes Gelingen möglich sei. Prüft man diese Umstände, so sind der äußeren so viele, daß man es am Ende aufgibt, bis zu den innerlichen vorzudringen. Die gereizte Neugier und unaufhörliche Findigkeit einer, um hundert Hemmungen freieren Zeit dringt in alle Verstecke des Geistes und hebt leicht auf ihren Fluten Gebilde hervor, die der einzelne, in dem sie hafteten, früher langsam und schwer zu Tage grub. Zu geübt im Einsehen um sich aufzuhalten, findet sich diese Zeit plötzlich an Binnenstellen, wo vielleicht noch keine ohne göttlichen Vorwand,

confiant non sans conséquence la valeur de son propre avenir à l'avenir de ses œuvres poétiques, c'est depuis seulement que mon regard cherche, outre l'œuvre, à reconnaître les conditions qui furent celles de l'esprit qui l'a créée. Mais même actuellement, alors que force m'est de concéder que les poèmes sont soumis à une genèse, je suis bien loin de considérer qu'ils ont été inventés. Il me semble, au contraire, qu'une prédisposition intellectuelle se soit manifestée dans l'âme de celui qui est poétiquement inspiré, et qui avait déjà établi quelque rapport entre nous (comme une constellation encore inconnue).

Si l'on considère quelles belles réalisations témoignent déjà en faveur de certains d'entre ces jeunes gens qui viennent de franchir leur troisième décennie, on se prendrait presque à espérer qu'ils fassent bientôt de tout ce qui a fait grandir notre admiration, durant ces trente dernières années, une ébauche tant sera accompli leur travail à venir. Pour qu'ait lieu une réussite si patente, il faut, c'est évident, le concours favorable des circonstances les plus diverses. À vouloir examiner ces circonstances, on se heurtera à une telle quantité de conditions extérieures qu'on abandonnera l'analyse avant de parvenir aux déterminations internes. La curiosité excitée et la continuelle ingéniosité d'une époque, plus libre d'une centaine d'inhibitions, pénètrent tous les recoins de l'esprit, et font surgir aisément des édifices qui chez l'individu, dont ils étaient prisonniers, connaissaient autrefois une gestation lente et pénible. Trop instruite dans l'intuition pour se freiner, cette époque se retrouve soudain à des profondeurs intimes jusqu'où sans doute aucune autre n'est parvenue,

in voller Öffentlichkeit, gewesen war; überall eintretend, macht sie die Werkstätten zu Schauplätzen und hat nichts dagegen, in den Vorratskammern ihre Mahlzeiten zu halten. Sie mag im Recht sein, denn sie kommt aus der Zukunft. Sie beschäftigt uns in einer Weise, wie seit lange keine Zeit ihre Ansiedler beschäftigt hat; sie rückt und verschiebt und räumt auf, jeder von uns hat ihr viel zu verdanken. Und doch, wer hat ihr noch nicht, wenigstens einen Augenblick, mit Mißtrauen zugesehen; sich gefragt, ob es ihr wirklich um Fruchtbarkeit zu tun sei, oder nur um eine mechanisch bessere und erschöpfendere Ausbeutung der Seele? Sie verwirrt uns mit immer neuen Sichtbarkeiten; aber wie vieles hat sie uns schon hingestellt, wofür in unserem Innern kein Fortschritt entsprechend war? Nun will ich zwar annehmen, sie böte zugleich der entschlossenen Jugend die unerwartetesten Mittel, ihre reinsten inneren Wirklichkeiten nach und nach, sichtbar, in genauen Gegenwerten auszuformen; ja ich will glauben, sie besäße diese Mittel im höchsten Grade. Aber wie ich mich nun bereit halte, ihr, der Zeit, manchen neuen künstlerischen Gewinn zuzuschreiben, schlägt mir die Bewunderung über sie hinüber, den immer, den auch hier wieder unbegreiflichen Gedichten entgegen.

Wäre auch nicht Einer unter den jungen Dichtern, der sich nicht freute, das Gewagte und Gesteigerte dieser Tage für seine Anschauung auszunutzen,

de manière toute publique, sans arguer d'un prétexte d'ordre divin; pénétrant partout, elle transforme les ateliers en scène de spectacle, et ne voit aucune objection à prendre ses repas à l'office. Elle a sans doute raison puisqu'elle vient de l'avenir. Elle nous préoccupe d'une manière dont aucune époque auparavant n'a occupé ses contemporains; elle déblaie, déplace et remet en ordre, et chacun de nous lui doit beaucoup. Et pourtant, qui ne l'a pas, ne serait-ce qu'un instant, considérée avec méfiance? Qui ne s'est demandé si c'était vraiment la fécondité qui lui importait, ou seulement une exploitation mécaniquement plus profitable et plus exhaustive de l'âme? Elle nous trouble en offrant sans cesse à nos regards de nouvelles curiosités; mais que de choses n'a-t-elle pas installées devant nos yeux auxquelles, en nous, ne correspondait aucun progrès? Je veux bien admettre qu'elle offrirait en même temps à la jeunesse résolue les moyens les plus inattendus pour donner forme peu à peu à ses réalités intérieures les plus pures, pour les rendre visibles en leur trouvant d'exactes valeurs correspondantes; je veux même croire que cette époque aurait au plus haut point la maîtrise de tels moyens. Mais dès que je suis prêt à lui reconnaître maintes nouvelles conquêtes dans l'art, l'admiration me fait la dépasser, admiration pour des poèmes qui échappent toujours à l'entendement, et aujourd'hui encore.

Quand bien même aucun de ces jeunes poètes ne se fût réjoui d'exploiter au profit de ses intuitions les audaces et les excès de notre époque,

ich würde doch nicht fürchten, daß ich das dichterische Wesen und seine Einrichtung in der inneren Natur zu schwer genommen habe. Alle Erleichterungen, wie eindringlich sie sein mögen, wirken nicht bis dorthin, wo das Schwere sich freut, schwer zu sein. Was kann schließlich die Lage desjenigen verändern, der von früh auf bestimmt ist, in seinem Herzen das Äußerste aufzuregen, das die anderen in den ihren hinhalten und beschwichtigen? Und welcher Friede wäre wohl für ihn zu schließen, wenn er, innen, unter dem Angriff seines Gottes steht.

je ne craindrais pas néanmoins d'avoir pris trop au sérieux la nature de la poésie et la manière dont elle s'installe dans l'intimité d'une intériorité. Aucun soulagement, aussi pénétrant qu'il puisse être, ne parvient à étendre son influence jusqu'à ce lieu où le sérieux se réjouit d'être difficile. Qu'est-ce qui pourra, en définitive, modifier la situation de qui est précocement voué à stimuler en son cœur l'extrême que les autres jugulent et font taire en eux ? Et quelle paix pourrait-il conclure, alors qu'au plus profond de lui-même il subit l'assaut de son dieu ?

NOTES

Page 21.

1. *Pour me fêter ;* ce recueil a été publié pour la première fois en 1899, chez Georg Heinrich Meyer, à Berlin (cf. la traduction en français dans le volume de la Pléiade qui rassemble les œuvres poétiques de Rilke).

Page 23.

2. Kappus était né le 17 mai 1883 ; il avait donc dix-neuf ans lorsqu'il écrivit à Rilke, de huit ans son aîné. Officier autrichien, il a nourri quelques ambitions littéraires. Il fut correspondant de guerre en 1914-1918. Lorsque parut l'édition en trois volumes de la *Correspondance* de Rilke, chez Insel, F. X. Kappus vivait encore, à Berlin où il est mort en 1966 mais il n'a donné aucun document supplémentaire ni aucune des autres lettres de Rilke. La première édition de ces *Lettres* est parue chez Insel en 1929.

Page 25.

3. Depuis le 28 août 1902, Rilke vit à Paris. D'octobre 1902 à juillet 1903, il habitera 3, rue de l'Abbé-de-l'Épée. Rilke avait accepté d'écrire une étude sur Rodin, et c'est pour étudier son œuvre qu'il s'est rendu à Paris (cf. sa lettre à Clara Rilke du 2 septembre 1902, où il relate sa première rencontre avec le sculpteur, le 1er septembre 1902).

Page 35.

4. En 1898, Rilke était venu passer quelques jours à Viareggio lors de son séjour florentin, à la fin du printemps (cf. le *Journal florentin*).

167

Page 37.

5. On trouvera, traduites en français, les œuvres de Jacobsen (1847-1885) citées par Rilke : *Niels Lyhne*, Paris, Stock, 1928 (rééd. 1992) (« Bibliothèque cosmopolite », trad. fr. R. Rémusat, la traduction du roman, sous-titré « Entre la vie et le rêve », est présentée par Edmond Jaloux) ; *Mogens*, Paris, Aubier, 1965 (trad. fr. F. Durand ; cette traduction a été reprise par les éditions Ombres de Toulouse, en 1987, avec une présentation du traducteur qui retrace brièvement la carrière de botaniste darwinien de Jacobsen, déchiré entre ses convictions évolutionnistes de savant et sa sensibilité qui s'accommodait difficilement d'un déterminisme aussi anonyme) ; *Marie Grubbe*, postface de Robert Musil, Paris, Le Seuil, 1981 (trad. fr. T. Hammar ; cette traduction, d'abord parue aux éditions Leroux en 1920, a été reprise, en 1986, par les éditions Ombres de Toulouse).

Page 43.

6. C'est le titre actuel d'une des nouvelles qui composent le recueil intitulé *Mogens*. Dans sa présentation de *Niels Lyhne*, Edmond Jaloux cite une lettre de Charles van Lerberghe (adressée au poète Fernand Séverin) qui date de 1900 : « Cela me fait tout à coup songer à cet adorable conte de Jacobsen, *Hier sollten Rosen stehen*, " Là il aurait fallu des roses ", comme on a traduit en français. Avez-vous lu ce conte et les autres, et les deux romans de Jacobsen : *Niels Lyhne* et *Frau Grubbe* ? [...] Ce *Hier sollten Rosen stehen* est depuis longtemps une des choses que j'aime le plus en toute la littérature. Ce serait mon rêve d'écrire un jour une nouvelle qui en approchât un peu, eût un peu de cette langueur, de cette grâce de fleur fanée et pourtant encore si odorante. »

Page 47.

7. Richard Dehmel : écrivain et poète allemand (1863-1920), connu surtout pour être l'auteur du texte qui inspirera *La Nuit transfigurée* de Schönberg.

Page 51.

8. Rilke a déjà publié les ouvrages suivants : *Vie et chansons* (1894), *Offrande aux Lares* (1895), *Couronné de rêve* (1896), *Avent* (1897), *Journal florentin* (1898), *Deux histoires pragoises, Pour me fêter, La Princesse blanche*

(1899), *Histoires du Bon Dieu* (1900), *Livre d'images I* (1901), *Rodin* (1903).

Page 67.

9. C'est durant ce séjour d'une dizaine de mois que Rilke commence la rédaction des *Carnets de Malte Laurids Brigge.*

Page 85.

10. Voici un essai de transposition du sonnet de Kappus :

SONNET

Dans ma vie frémit sans plainte
Et sans soupir un mal obscur.
De mes rêves le cristal pur
Bénit mes jours sans contrainte.

Mais plus souvent le grand pourquoi
Croise ma route et me rend coi.
Je fuis comme devant ces eaux
Dont je ne mesure pas les flots.

Les douleurs me submergent
Troubles comme une nuit trop dure
Où perce une étoile ternie :

Mes mains vers l'amour convergent,
Je veux prier à voix sûre,
Or déjà ma bouche est tarie.

SONETT

Durch mein Leben zittert ohne Klage,
ohne Seufzer ein tiefdunkles Weh.
Meiner Träume reiner Blütenschnee
ist die Weihe meiner stillsten Tage.

Öfter aber kreuzt die große Frage
meinen Pfad. Ich werde klein und geh
kalt vorüber wie an einem See,
dessen Flut ich nicht zu messen wage.

Und dann sinkt ein Leid auf mich, so trübe
wie das Grau glanzarmer Sommernächte,
die ein Stern durchflimmert — dann und wann — :

Meine Hände tasten dann nach Liebe,
weil ich gerne Laute beten möchte,
die mein heißer Mund nicht finden kann...

Page 89.

11. Il s'agit d'une phrase de la première étude de Rilke sur Rodin : cf. la trad. fr. de Maurice Betz in *Œuvres* de R.M. Rilke, t. I, *Prose,* Paris, Le Seuil, 1966, p. 379 : « Durant deux millénaires de plus, la Vie l'avait gardé dans ses mains, avait travaillé à lui, l'avait martelé et ausculté. »

Page 101.

12. Rilke se rend en Suède dans deux familles amies et séjourne à Malmö, notamment. Il a commencé d'écrire, à Rome, en février, *Les Carnets de Malte Laurids Brigge,* ainsi que certains des *Nouveaux poèmes.*

Page 111.

13. Rilke fait d'abord allusion au récit intitulé « Le Puits et le Pendule ».

Page 119.

14. C'est à Jonsered que Rilke a écrit, en 1904, un petit essai sur une école à la pédagogie émancipée, la Samskola, et ce sont les deux personnes qui dirigeaient cette école — Jimmy et Lizzie Gibson — qui l'avaient invité à Göteborg.

Page 123.

15. Il s'agit de la deuxième version, écrite durant le mois d'août 1904 à Borgeby Gård, du *Chant d'amour et de mort du Cornette Christoph Rilke,* rédigé d'abord en 1899, à Berlin. Rilke reprendra le texte pour la publication en livre, en juin 1906, et l'ouvrage paraîtra fin 1906.

Page 125.

16. Rilke est revenu à Paris en 1905 ; il a vécu à Meudon jusqu'à sa brouille avec Rodin en 1906. Puis il revient à Paris de mai à

octobre 1907, et de mai 1908 à février 1910 (réconcilié avec Rodin, il logera à l'hôtel Biron, lorsque sa femme Clara Westhoff, qui y avait trouvé un atelier, repartira pour l'Allemagne, en août 1908).

Le poète

Page 133.

17. Ce texte figurait dans les écrits posthumes du poète, et c'est dans un volume rassemblant des textes de prose et des vers posthumes qu'il fut d'abord publié par les soins de la Société des amis de Rainer Maria Rilke (*Verse und Prosa aus dem Nachlaß*, Leipzig, 1929). Plus tard, il fut repris dans les *Ausgewählte Werke*, vol. II, 1938 (*Œuvres choisies*, rééd. 1948).

La première version manuscrite (*ms 291* du Rilke-Archiv) inaugure une série de notes et d'extraits de ses propres lettres qui datent de février et mars 1912 à Duino ; au début du texte on peut lire :

Sur le poète.

Dieu comme poète ; le chanteur avant que ne débute l'histoire. Le poète dans le temps, une exagération si on ne le prend pas lui-même pour correctif, comme le lieu où se rassemble et parvient à soi ce que les autres négligent et gaspillent, aussi réel que cela puisse être par soi seul.

Mais il ne m'a été donné qu'une fois de comprendre à travers une belle comparaison...

Suit le texte qui ne diffère que très légèrement de la version définitive. À la fin, on trouve cet alinéa entre parenthèses :

(Au moment où je rédige, un an après, ce texte, les figures de proue des galions me viennent à l'esprit : quelle mélancolie s'exprime dans le fait de placer là où il y a le plus de choses à ressentir une figure dotée de traits humains, et d'avoir toujours devant soi son mutisme.)

Ce fragment est suivi par quelques extraits contemporains de la lettre à Arthur Hospelt du 11 février 1912 (écrite à Duino). Manifestement, ce texte à propos d'un voyage sur le Nil a été rédigé peu de temps avant cette date (cf. les lettres à Clara Rilke du 10 et du 11 janvier 1911).

L'autre copie disponible (*ms 292*) semble avoir été achevée à Paris, durant l'hiver 1913-1914, dans le but d'une éventuelle publication qui n'a pas eu lieu. C'est ce manuscrit qui est transcrit ici.

Le jeune poète

18. Ce texte a été pour la première fois publié, à titre privé et à cinquante exemplaires, pour les membres de la Société des Amis du Livre, à Hambourg, en mai 1931, d'après le manuscrit que possédait, à l'époque, Henry Sagan. Il fut ensuite repris dans le tome II des *Œuvres choisies*, p. 281-289 (1938, rééd. 1948), et dans l'*Almanach* de l'année 1939, publié par les éditions Insel (p. 33-40). Le manuscrit est actuellement conservé aux Archives Rilke de Marbach. Le texte était destiné à Lou Albert-Lasard, amie peintre de Rilke qui fit plusieurs fois son portrait. Il est vraisemblable que ces réflexions ont été rédigées peu après que Rilke eut découvert les poèmes de Franz Werfel, c'est-à-dire durant l'été 1913. Mais Rilke cite Kleist qu'il lira plutôt durant l'automne et l'hiver 1913-1914, comme en témoignent plusieurs lettres (à Marie von Turn und Taxis, le 16 et le 27 décembre 1913 ; à Anton Kippenberg, le 14 novembre 1913 et le 3 janvier 1914). Ce texte a été destiné à la publication, dans la revue *Orion*, projet dont Kurt Tucholsky avait été l'instigateur. Mais ce bref essai de Rilke fut refusé, la revue espérant sans doute obtenir plutôt quelques poèmes. Le jeune poète Franz Werfel (1890-1945) fit publier son premier recueil, *Der Weltfreund (L'Ami du monde)*, chez Axel Juncker, à Berlin, en 1911 ; et *Wir sind (Nous sommes)*, à Leipzig, en 1913, chez Kurt Wolff. Sur la relation entre Rilke et Werfel, cf. E. Goldstücker, « Rilke und Werfel. Zur Geschichte ihrer Beziehungen », in *Panorama*, n° 6, Munich, juin 1961, p. 21-36.

19. Il s'agit de la lettre de Kleist datée du 16 novembre 1800 adressée à Wilhelmine von Zenge.

20. Que l'on se rappelle le rôle de la longue-vue dans les récits suivants de Stifter : *La futaie*, *Le condor*, *Deux sœurs* ; ainsi que dans les essais *Du haut de la tour de Saint-Stéphane* et *L'Éclipse de soleil du 8 juillet 1842*. Cf. également la lettre de Rilke à Auguste Sauer écrite le 11 janvier 1914 à Paris.

21. Il s'agit de saint Alexis (solitaire romain du Ve siècle qui passa plus de trente ans à mendier) : cf. H. von Hofmannsthal, *Le poète aujourd'hui* (1907), essai traduit dans le recueil portant le titre *Lettre de Lord Chandos*, Paris, Gallimard, « Poésie/Gallimard », 1992.

22. Cf. Pétrarque, *Le Familiari*, éd. Vittorio Rossi, vol. I, Florence, 1933, p. 153-161 ; il s'agit d'une lettre relatant l'ascension du mont Ventoux (cf. la lettre de Rilke à Anton Kippenberg du 28 juin 1911, postée de Paris).

CHRONOLOGIE

1875-1926

1875. 4 décembre : naissance à Prague. Rilke s'attribuait volontiers une ascendance de noblesse carinthienne ; il semble en fait que cette ascendance ait été purement imaginaire. Le père, ancien officier, fait une carrière médiocre et se retrouve employé dans une compagnie de chemins de fer. La mésentente règne entre le père et la mère et le couple se dissout. La mère, Phia Rilke, dévote et coquette à la fois, s'éloigne ; Rainer Maria souffre de cette absence et d'un amour maternel insuffisant : les œuvres de sa jeunesse en portent de nombreux témoignages.

1882. Entrée à l'école primaire des piaristes.

1886. Fin septembre : entrée à l'école des cadets de Sankt-Pölten, en Autriche, puis,

1890. à l'école militaire supérieure de Weisskirchen en Moravie. Premières publications de vers et de prose dans diverses revues.

1891. Septembre : Rilke quitte Weisskirchen pour l'école de commerce de Linz.

1892. Retour à Prague. Rilke se prépare à l'examen de maturité par des leçons particulières.

1895. 9 juillet : examen de maturité à Prague.
Semestre d'hiver : université de Prague (littérature, histoire, philosophie, histoire de l'art).

1896. Fin septembre : départ pour Munich, où Rilke s'inscrit à l'université. Rédaction des premières poésies, qui figureront dans *Offrande aux Lares, Couronné de rêve, Avent* ; ainsi que du journal *Wegwarten*, destiné à être distribué gratuitement.

175

1897. Rencontre avec Lou Andreas Salomé, de treize ans son aînée.
Juin-juillet : séjour auprès de Lou à Wolfratshausen, près de Munich.
Début octobre : Rilke suit Lou Andreas Salomé dans la banlieue berlinoise, où il reste, avec des interruptions, jusqu'en mars 1901.

1898. Publication de divers récits, dont plusieurs constitueront les recueils *Au fil de la vie, Deux histoires pragoises*.
Avril-mai : voyage à Florence et Viareggio.
Décembre : chez Heinrich Vogeler, à Worpswede, près de Brême, dans une colonie d'artistes.

1899. D'avril à juin : premier voyage en Russie, en compagnie de Lou et de son mari Carl Andreas.
27 avril : rencontre avec Tolstoï, à qui les voyageurs sont recommandés par le peintre Leonid Pasternak.
Au retour, rédaction de la première partie du *Livre d'heures (Le Livre de la vie monastique)*.

1900. De mai à fin août : deuxième voyage en Russie ; nouvelle rencontre avec Tolstoï à Iasnaïa Poliana.
Au retour de ce voyage, fin de la première période des relations avec Lou Andreas Salomé.
27 août : arrivée à Worpswede.
Publication des *Histoires du Bon Dieu*.

1901. Mars : mariage avec Clara Westhoff, qu'il a connue à Worpswede.
Rédaction de la deuxième partie du *Livre d'heures (Le Livre du pèlerinage)*.
12 décembre : naissance d'une fille, Ruth Rilke.

1902. D'abord à Westerwede, près de Worpswede. Rédaction de la monographie *Worpswede*.
Fin août : départ pour Paris (où il restera jusqu'en mars 1903), avec l'intention d'écrire une monographie sur Rodin (dont la première partie est publiée en 1903).
Rédaction des récits qui constituent le recueil *Les Derniers* et composition d'un grand nombre des poésies du *Livre d'images*.

1903. Avril : Rilke quitte Paris (pour y retourner quelques mois plus tard) jusqu'en 1905.
Composition du *Livre d'images* et des premières pièces des *Nouveaux poèmes*.

Troisième partie du *Livre d'heures (Le Livre de la pauvreté et de la mort),* écrite à Viareggio.

Première des *Lettres à un jeune poète.*

Mi-décembre : Rome (jusqu'en juin 1904).

1904. Rome, puis, à partir de juin, séjour en Scandinavie, où Rilke est invité dans deux maisons amies.

Février, à Rome, début de la rédaction des *Carnets de Malte Laurids Brigge,* en même temps que sont conçus quelques-uns des *Nouveaux poèmes.*

1905. Divers séjours en Allemagne.

Septembre : installation à Meudon, chez Rodin.

Octobre et novembre : tournée de conférences (sur Rodin).

1906. Deuxième tournée de conférences.

Mars : mort du père de Rilke.

Vers la mi-mai : brouille avec Rodin, Rilke s'installe à Paris.

1907. Publication de la monographie augmentée sur Rodin.

1907-1914. Début d'une longue période de voyages (Afrique du Nord, Égypte, Berlin, Espagne, Venise). Travaille aux *Nouveaux poèmes* et au *Requiem.* Séjour à Paris de mai à octobre 1907, de mai 1908 à février 1910 (où, réconcilié avec Rodin, il loge à l'hôtel Biron). Un de ces voyages (en 1909) mène Rilke aux Saintes-Maries-de-la-Mer, à Aix-en-Provence, à Arles, en Avignon.

1910. Rilke termine et publie les *Carnets.*

Avril : il fait connaissance de la princesse Marie de Tour et Taxis, à Duino, au bord de l'Adriatique, entre Venise et Trieste.

1911. Voyages.

Hiver 1911-1912 à Duino. Traduction du *Centaure* de Maurice de Guérin.

1912. À Duino, composition des premières *Élégies.* Traduction de « L'Amour de Madeleine ».

1913. Espagne, Paris. Traduction des *Lettres portugaises.*

1914. Traduction du *Retour de l'enfant prodigue* d'André Gide.

Relation avec la pianiste Magda von Hattinberg (Benvenuta). La déclaration de guerre trouve Rilke en Allemagne, où il reste jusqu'à la fin des hostilités, le plus souvent à Munich. Ses papiers sont placés sous séquestre à Paris.

177

1916. Mobilisé à Vienne en janvier, il est libéré dès le mois de juin.

1918. Rilke reprend contact avec son éditeur Kippenberg. Traduction de « Vingt-quatre sonnets de Louise Labé ».

1919. Rilke reprend sa vie errante. Tournée de conférences en Suisse.

1920. Rilke retrouve la princesse de Tour et Taxis. Relation avec Merline (Baladine Klossowska). Relation amicale avec Werner Reinhart, un industriel de Winterthur, qui, l'année suivante, achète à son intention la tour isolée de Muzot, près de Sierre, qui sera pour plusieurs années sa résidence.

1922. Achèvement des *Élégies de Duino* et rédaction des *Sonnets à Orphée*. Mariage de Ruth Rilke en Allemagne.

1923. Muzot. Rilke travaille à des traductions de Paul Valéry.

1924. Premier séjour en clinique à Valmont, près de Montreux. Premiers poèmes en français, pour appuyer, dit Rilke, sa future demande de nationalité suisse.

1925. Séjours en Suisse et à Paris, qu'il quitte soudain pour Sierre ; nouvelle cure à Bad Ragaz.

1926. 29 décembre : Rilke succombe à une leucémie.

1927. 2 janvier : enterrement au petit cimetière de Rarogne.

DERNIÈRES PARUTIONS

Ce volume,
le deux cent soixante-dixième
de la collection Poésie,
a été achevé d'imprimer par
l'Imprimerie Bussière à Saint-Amand (Cher),
le 15 septembre 1993.
Dépôt légal : septembre 1993.
1ᵉʳ dépôt légal dans la collection : mai 1993.
Numéro d'imprimeur : 2197.
ISBN 2-07-032788-4./Imprimé en France.

66770